PONS

W0224984

Im Griff
Bürokommunikation
SPANISCH

von Enrique Pastor

Neubearbeitung von
Nely Milagros Iglesias Iglesias
Anke Brauckmann
Adriana Nieto de Grund

Ernst Klett Sprachen GmbH
Barcelona • Belgrad • Budapest • Ljubljana • London • Posen
Prag • Sofia • Stuttgart • Zagreb

Im Griff

Bürokommunikation SPANISCH

von Enrique Pastor

Neubearbeitung von
Nely Milagros Iglesias Iglesias
Anke Brauckmann
Adriana Nieto de Grund

Bei diesem Werk handelt es sich um die überarbeitete und erweiterte Neuauflage des Titels *"PONS Handelskorrespondenz im Griff Spanisch"*, ISBN 3-12-560892-9.

Auflage A1 4 3 2 1 / 2007 2006 2005

Internet: www.pons.de
E-Mail: info@pons.de

Redaktion: Regina Reinboth-Kämpf
Logoentwurf: Erwin Poell, Heidelberg
Logoüberarbeitung: Sabine Redlin, Ludwigsburg
Einbandgestaltung: deutschewerbeagentur
Titelfoto: Vlado Golub, Stuttgart
Satz: Dollenbacher DTP
Druck: Legoprint
Printed in Italy.
ISBN: 3-12-561164-4

INHALTSVERZEICHNIS

So benutzen Sie dieses Buch - *Cómo utilizar este libro* 6

Allgemeines - *Reglas generales* 7
Musterbrief, Anschrift, Datum, Anredeformeln, Unterschrift, Abkürzungen, Stil und Textgestaltung, Briefumschlag

THEMEN - *TEMAS*

1. Ein Treffen vereinbaren - *Concertar una cita* 16
Ein geschäftliches/privates Treffen vereinbaren, vorschlagen, verschieben

2. Einladungen - *Invitaciones* 22
Eine geschäftliche/private Einladung aussprechen; um Antwort bitten

3. Einladungen beantworten - *Responder a invitaciones* 28
Sich für eine Einladung bedanken, eine Einladung annehmen, absagen (geschäftlich/privat)

4. Auskünfte einholen - *Solicitar información* 33
Um spezielle Informationen bitten; Auskunft erteilen

5. Dankesbriefe - *Agradecimientos* 38
Formeller/Informeller Dankesbrief; Dankbarkeit ausdrücken

6. Entschuldigungen - *Disculpas* 43
Sich entschuldigen, sein Bedauern zum Ausdruck bringen, sich rechtfertigen

7. Gewerbliche Angebote - *Ofertas comerciales* 47
Ein Angebot beschreiben; auf Nachfragen eingehen; Produkte anpreisen

8. Anfordern eines Kostenvoranschlags - *Pedir un presupuesto* 52
Einen Kostenvoranschlag anfordern; Einzelheiten eines Kostenvoranschlags; Lieferfristen und Versandarten

9. Bericht erstatten - *Hacer un informe* 57
Von vergangenen Ereignissen berichten, Tatsachen beschreiben

10. Glückwünsche und Kondolenzbriefe - *Felicitaciones y condolencias* . 60
Jemanden beglückwünschen; Wünsche übermitteln; sein Beileid aussprechen, seine Anteilnahme zum Ausdruck bringen

11. Reservieren, mieten - *Reservar, alquilar* 66
Reservierungen vornehmen, mieten; zeitliche Angaben machen, Wünsche äußern

12. Bestätigung von Reservierungen - *Confirmar una reserva* 71
Eine Reservierung bestätigen; zusagen, absagen

13. Beschwerden - *Quejarse* 76
Nichteinverständnis und Missbilligung zum Ausdruck bringen; eine Beschwerde erhalten und beantworten

14. Aufträge, Bestellungen - *Cursar un pedido* 81
Eine Bestellung aufgeben, einen Auftrag erteilen; Auftragsbedingungen festlegen

15. Lieferbedingungen - *Condiciones de entrega* 85
Versandart und Lieferbedingungen festlegen

16. Auftragsbestätigung - *Responder a órdenes de pedido* 90
Den Eingang einer Bestellung bestätigen; eine Lieferung ankündigen, ausführen

17. Reklamationen - *Hacer una reclamación* 95
Einen Lieferverzug, Lieferfehler anzeigen; etwas reklamieren; Bedingungen stellen

18. Zahlung - *Pagos* 100
Zahlungsbedingungen; Zahlungserleichterungen

19. Einen Kredit beantragen - *Solicitud de un préstamo* 107
Kreditantrag und Kreditzusage; Bankgeschäfte

20. Mahnschreiben - *Reclamación de pagos* 111
Eine Zahlung anmahnen; drohen

21. Ratschläge - *Aconsejar, desaconsejar* 116
Seine Meinung äußern; raten, abraten

22. Bewerbung (I) - *Solicitud de empleo (I)* 119
Sich bewerben, sich vorstellen; Erfahrungen beschreiben; Lebenslauf

23. Stellenangebote - ***Ofertas de empleo*** 125
Ein Stellenangebot formulieren; eine Stelle beschreiben

24. Bewerbung (II) - ***Solicitud de empleo (II)*** 129
Sich bewerben; eine Bewerbung annehmen, ablehnen

25. Elektronische Korrespondenz - ***Correo electrónico*** 133
Kommunizieren per E-Mail; Auftreten im Internet

26. Telefonieren - ***Llamar por teléfono*** 138
Sich melden; weitervermitteln; eine Nachricht hinterlassen;
ein Gespräch beenden

ANHANG – *ANEXOS*

Musterbriefe und Lösungen - ***Cartas modelo y soluciones*** 147

Lösungsvorschläge: „Sie sind dran!" - ***Soluciones: "Sie sind dran!"*** 159

Nützliche Wendungen - ***Expresiones útiles*** 163

Wichtige Abkürzungen - ***Abreviaturas importantes*** 169

Spanisch-deutsches Glossar - ***Vocabulario Español/Alemán*** 173

Deutsch-spanisches Glossar - ***Vocabulario Alemán/Español*** 181

Stichwortverzeichnis - ***Indice alfabético*** 189

Kleiner Spickzettel für Telefongespräche -
Pequeños apuntes para una conversación telefónica 192

SO BENUTZEN SIE DIESES BUCH

Wenn Sie lernen möchten, sämtliche Formen des Schriftverkehrs im Spanischen zu beherrschen, so beachten Sie bitte folgende Hinweise:

Lesen Sie zuerst das Einführungskapitel **Allgemeines**.

In den nachfolgenden Kapiteln lernen Sie dann, wie im Spanischen Briefe formuliert werden. Dabei werden Sie häufig der Unterteilung in die beiden Kategorien „formell" und „informell" begegnen, die sich häufig, aber nicht immer, mit den Kategorien des „Geschäftsbriefes" und des „privaten Briefes" decken. Prinzipiell ist jedes Kapitel folgendermaßen unterteilt:

- Zunächst vervollständigen Sie einen **Lückenbrief**. Hierfür wählen Sie aus einer Liste mit mehreren Angaben den jeweils richtigen Ausdruck und setzen ihn in die entsprechende Lücke ein. Im Anhang des Buches finden Sie den dazugehörigen **Lösungsbrief**, der Ihnen auch als Musterbrief dienen kann.
- Im Abschnitt **Wendungen** lernen Sie, welche Ausdrücke in bestimmten Situationen gängig sind.
- In den **Anmerkungen** werden Sie auf besondere sprachliche Formen und bei der Übersetzung zu beachtende Schwierigkeiten hingewiesen.
- Schließlich heißt es: **„Sie sind dran!"**. In diesem Teil sollen Sie selber mit Hilfe von Lückensätzen, die Sie vervollständigen müssen, eigenständig Briefe aufsetzen. Auf diese Weise merken Sie sich die wichtigsten Begriffe und Wendungen und prägen sich die verschiedenen Formulierungsmöglichkeiten ein. Auch für diese Briefe finden Sie im Anhang **Lösungsvorschläge**.

Wenn Sie punktuelle Hilfestellung brauchen, können Sie das vorliegende Buch auch als Nachschlagewerk verwenden:

- Im Einführungskapitel **Allgemeines** werden Ihnen die in der spanischen Korrespondenz üblichen Formregeln vermittelt.
- Die **Musterbriefe** können als Vorlage dienen, wenn Sie zu einem bestimmten Themenbereich einen Brief schreiben müssen.
- Die **nützlichen Wendungen** bieten Ihnen einen Abriss der wichtigsten Wendungen der spanischen Geschäftskorrespondenz.
- In den beiden **Glossaren** schließlich finden Sie in diesem Buch verwendete Begriffe, die man vielleicht nicht immer parat hat – in deutscher und in spanischer Sprache.
- Der **kleine Spickzettel für Telefongespräche** auf den letzten beiden Seiten soll Ihnen beim Telefonieren rasch auf die Sprünge helfen, damit Sie nicht plötzlich sprachlos sind.

Und nun: viel Erfolg beim Schreiben und Telefonieren!

ALLGEMEINES

MUSTERBRIEF

ZAGALA S.A.
Polígono Industrial «La Morriña»
Bloque n° 12 - 27072 LUGO
Tfno.: (982) 31 70 47 Fax: (982) 33 40 75

s/ref. AB/CD 124 n/ref. LC/GH 213

Lugo, 6 de noviembre de 20...

TEJE-MANEJE S.A.
Departamento de Clientes
Orense, 258
28020 MADRID

Asunto: Envío cheque

A la atención del Sr. Molina.

Señores:

Adjunto les envío cheque por valor de 145 € (ciento cuarenta euros), correspondiente a su factura n° 025 con fecha del 25 de octubre pasado.

Sin otro particular, se despide atentamente

Zagala S.A.
Departamento de Contabilidad

Luis Carneiro

Fdo: Luis Carneiro

BRIEFUMSCHLAG

Name und Anschrift des Empfängers erscheinen auf dem Umschlag in der gleichen Form und mit den gleichen Abkürzungen wie auf dem Briefblatt (siehe unten).

BRIEFKOPF UND ANSCHRIFT

DER BRIEFKOPF

In der privaten Korrespondenz erscheint der Briefkopf des Absenders oben links auf dem Briefblatt. Bei Geschäftsbriefen werden Name, Anschrift, Telefon- und Faxnummern je nach Firma an unterschiedlicher Position aufgeführt, in den meisten Fällen jedoch oben in der Mitte oder links auf dem Briefblatt.

Die Empfängeranschrift

Sie erscheint in der Regel links unter der Absenderanschrift; heutzutage tendiert man auch dazu, die Empfängeranschrift rechts unter den vorgedruckten Firmenbriefkopf des Absenders zu setzen. Die Position hängt u.a. davon ab, ob Fensterbriefumschläge verwendet werden oder nicht.
In Lateinamerika steht die Empfängeranschrift immer links.

• Die Empfängeranschrift wird in Spanien folgendermaßen gestaltet:

– Anrede (abgekürzt), gefolgt von Vorname und Name:	**Sr. D. Juan Cárdenas Umbral**
– Berufs- oder Amtsbezeichnung:	**Director de Ventas**
– Firmenname:	**FRONDO S.A.**
– Straße und Hausnummer:	**C/ Concha Espina, n° 20, 3° dcha.**
– Postleitzahl und Name der Stadt (oft unterstrichen und in Großbuchstaben), gefolgt von dem in Klammern gesetzten Namen der Provinz, sofern es sich bei der Stadt nicht um eine Hauptstadt handelt:	**20500 MONDRAGÓN (Guipúzcoa)**

• Die gängigsten Abkürzungen bei Anschriften sind folgende:

apdo. *oder* **aptdo.**	apartado (de correos)	**Av.** *oder* **Avda.**	avenida
c/ *oder* **C/**	calle	**Ctra.** *oder* **crta.**	carretera
dcha.	derecha	**entlo.**	entresuelo
izq. *oder* **izqda.**	izquierda	**n°**	número
P/	paseo	**Pje.**	pasaje
Pl. *oder* **Pza.**	plaza	**s/n.**	sin número

DATUM

Das Datum erscheint im Allgemeinen auf der rechten Seite des Blattes unter der Absenderanschrift. Manche Firmen setzen das Datum unter die Empfängeranschrift (immer rechts).
In Lateinamerika hingegen steht das Datum normalerweise links über der Empfängeranschrift.

Die geläufigste Form, in Spanien das Datum zu schreiben, ist folgende: **Madrid, 7 de febrero de 20...** Hinter dem Ortsnamen steht immer ein Komma. Wenn dieser schon im Briefkopf erscheint, muss er im Datum nicht unbedingt wiederholt werden. Der Monat wird ausgeschrieben.
In Lateinamerika begegnet man auch folgender Datumsangabe: **Bogotá, a 30 de marzo de 20...**

ANREDE IN DER ABGEKÜRZTEN FORM

- Bei einem Mann **Sr. D.** (Señor Don), gefolgt von Vorname und Familienname, oder **Sr.**, gefolgt vom Familiennamen:
  Sr. D. Claudio Pérez bzw. **Sr. Pérez.**
- Bei einer Frau **Sra. Dª.** (Señora Doña) gefolgt von Vorname und Familienname(n), oder **Sra.**, gefolgt vom Familiennamen:
  Sra. Dª. Emilia de Vivanco bzw. **Sra. de Vivanco.**
- Bei einer **Srta.** (Señorita), gefolgt vom Familiennamen:
  Srta. Llovet.
- Außerdem werden in der spanischen Korrespondenz noch einige besondere Anredeformeln verwendet (besonders im Schriftverkehr mit Behörden). An dieser Stelle ist zu bemerken, dass wir der Übersichtlichkeit halber die Beispiele in der Regel nur in einer Geschlechtsform, und zwar meist in der männlichen, angeben, zumal bis heute die betreffenden Ämter noch immer in der Mehrzahl von Männern besetzt sind; die jeweilige weibliche Form ergibt sich durch ein angefügtes **a** (Señor/Señora) bzw. durch Ersetzen des **-o** am Ende des Wortes durch ein **-a** (Excelentísimo/Excelentísima):

  Excmo. Sr. (Excelentísimo Señor), gefolgt von der Amtsbezeichnung (Botschafter, Staatsrat, Minister ...) oder aber von Vorname und Name mit vorangestelltem **Sr. D.**: **Excmo. Sr. Embajador; Excmo. Sr. D. Manuel Cuevas del Valle.**

  Ilmo. Sr. (Ilustrísimo Señor), gefolgt von der Amtsbezeichnung (Bürgermeister von Soria, Generaldirektor von ..., Direktor/Leiter der Hauptschule «Gabriel Miró» etc.) oder von Vorname und Name mit vorangestelltem **Sr. D.** bzw. **Sra. Dª.**: **Ilmo. Sr. Alcalde de Soria; Ilma. Sra. Dª. Catalina Castro Sánchez.**

- In manchen Ländern Lateinamerikas wird in der Anschrift vor dem Namen des Empfängers dessen akademischer Titel in abgekürzter Form angegeben:
  Ldo. (Licenciado) **Emiliano Zapata Pérez**.
  Dra. (Doctora) **Juana Cuesta Arriba**.

- Wenn Sie den Namen des Empfängers nicht kennen, muss der Brief an die zuständige Abteilung gerichtet werden: **Departamento** (oder **Sección**) **de Personal** - *Personalabteilung*, und als Anrede ist in diesem Fall die Form **Señores** oder **Estimados señores** - *Sehr geehrte Damen und Herren* üblich.

ANREDE AM BRIEFANFANG UND SCHLUSSFORMEL

Die Anrede

- Merken Sie sich, dass nach der Anrede, gleich welche Form Sie nun wählen, immer ein Doppelpunkt und nie ein Komma steht.
- Merken Sie sich, dass die Anreden kleingeschrieben werden. Nur die Abkürzungen müssen großgeschrieben werden.

- **Formelle Beziehungen**

  ➔ Bei formellen und geschäftlichen Beziehungen lautet die Standardanrede:
  Estimado señor:
  Estimada señora:
  Estimado cliente:
  Apreciada señora: (in Lateinamerika)

  ➔ Immer häufiger im Gebrauch sind:
  Señor:
  Señora:
  Señores: (wenn Sie an eine Gesellschaft schreiben)

  ➔ Beachten Sie: die Wörter **señor**, **señora** und **señores** sollten nur abgekürzt werden, wenn sie in Verbindung mit dem Nachnamen verwendet werden.
  Estimado señor:
  Estimada Sra. Hernández:

  ➔ Besonders höfliche Formeln:
  Distinguido señor:
  Distinguida señora:

  ➔ Im Schriftverkehr immer noch gebräuchlich:
  Muy Sr. mío/nuestro:
  Muy Sra. mía/nuestra:
  Muy Sres. míos/nuestros:

→ Ehrentitel:
Bei Ehrentiteln gibt es besondere Anreden:

Excmo/-a. Sr/Sra.:
Im Brieftext wird der/die Empfänger/in mit der Abkürzung **V.E.** (Vuestra Excelencia) angesprochen.

Ilmo/-a. Sr/Sra.:
Im Brieftext wendet man sich mit der Abkürzung **V.I.** (Vuestra Ilustrísima) an den/die Empfänger/in.

Señoría:
(wenn sich das Schreiben an einen Richter, Oberstaatsanwalt oder Bürgermeister richtet)
Im Brieftext sprechen Sie den/die Empfänger/in mit der Formel **Vuestra Señoría** oder **Usía** (sehr formell) an.

- **Weniger formelle Beziehungen**

Je nach Bekanntschaftsgrad:
Estimado/-a amigo/-a:
Querido/-a amigo/-a:
Querido Paco/Querida Pili:

Die Schlussformel

- **Formelle Beziehungen**

Atentamente, (oft in der abgekürzten Form **atte.**)
Un atento saludo,
Reciban un atento/cordial saludo.

Das Verb steht oft in der 3. Person Singular: **le(s) saluda, se despide**.

Atentamente les saluda
oder: **Les saluda (muy) atentamente**
oder: **Se despide atte.**

Enriqueta Sanz Díaz
Directora de Ventas

- **Weniger formelle Beziehungen, private Korrespondenz**

  Je nach Bekanntschaftsgrad:

Situation	Anredeformeln	Schlussformeln
allgemein gültig	Estimado/-a amigo/-a: Querido/-a amigo/-a:	Un cordial saludo, Te saluda cordialmente
privat, zwischen zwei Männern	Querido Paco:	Un (fuerte) abrazo, Muchos abrazos,
privat, an eine Person des anderen Geschlechts	Querida Pili:	Un abrazo, Besos, Muchos besos,
privat, zwischen zwei Frauen	Querida Charo:	Un beso, Besos, Muchos besos,

→ In der Privatkorrespondenz können die Schlussformeln noch durch andere Wendungen erweitert werden:
Muchos besos a todos...
y recuerdos/saludos a tus padres.

DIE UNTERSCHRIFT

Die Unterschrift steht nach der Schlussformel links oder rechts oder aber in der Mitte des Briefblattes. In Lateinamerika folgt sie stets nach der Schlussformel links.

- In der Geschäftskorrespondenz erscheint der Namenszug zum Teil zwischen der Amtsbezeichnung des/-r Unterzeichnenden und seinem/ihrem maschinengeschriebenen Namen, dem in manchen Fällen auch die Abkürzung **Fdo.** (firmado) für *unterzeichnet von* vorangestellt wird.

  DIRECTORA DE RECURSOS HUMANOS

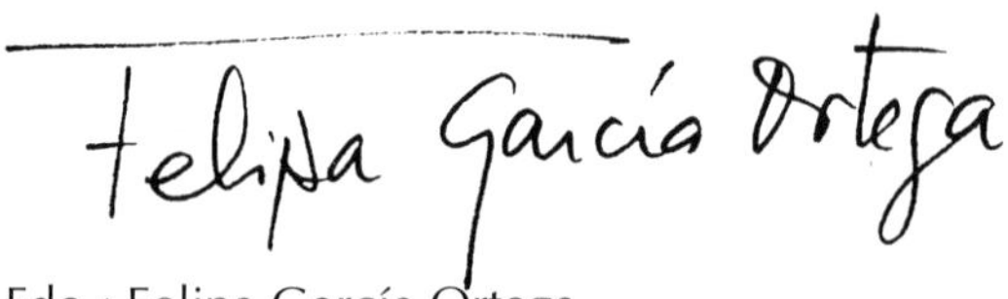

  Fdo.: Felipa García Ortega

- In anderen Fällen erscheint zunächst der Name der Firma, dann folgt ein Zwischenraum für den Namenszug; darunter stehen der maschinengeschriebene Name (manchmal mit vorangestelltem **Fdo**.:) und die Amtsbezeichnung des/-r Unterzeichnenden.

LETREROS Y LETRILLAS S.A.

Felipa García Ortega
Directora de Recursos Humanos

- Manchmal folgt dem Namenszug lediglich der maschinengeschriebene Name (mit oder ohne vorangestelltem **Fdo**.:) und die Amtsbezeichnung.

Felipa García Ortega
Directora de Recursos Humanos

- Verheiratete Frauen behalten in Spanien ihren Geburtsnamen bei. In der Geschäftskorrespondenz ist es üblich, dass sie nur mit diesem unterschreiben.

Rebeca Rodríguez

Im privaten Schriftverkehr können sie den Namen ihres Mannes mit vorangestelltem **de** an ihren Geburtsnamen hängen (immer weniger gebräuchlich).

Rebeca Rodríguez de Molina

GÄNGIGE ABKÜRZUNGEN UND VERMERKE

Die Bezugszeichen
Oft sind folgende Angaben schon oben links unter dem Briefkopf auf dem Briefpapier vorgedruckt:
s/ref. **n/ref.**
Auf **n/ref. (nuestra referencia** – *unser Zeichen*) folgt das Bezugs- oder Aktenzeichen des Absenders. Dies setzt sich zusammen aus den Initialen des Verfassers und der Person, die den Brief getippt hat; oft folgt noch eine Aktennummer: EPG/TGP 012.

Auf **s/ref. (su referencia** – *Ihr Zeichen*) folgt das Bezugszeichen des Empfängers, das der Verfasser des Briefes nun in seiner Antwort übernimmt.

Der Betreff
Der *Betreff* des Briefes – **asunto** beginnt links unter der Bezugszeichenzeile. Oft folgt eine kurze, im Telegrammstil verfasste Inhaltsangabe des Briefes, etwa: **Envío facturas**.

Die Person, an die sich das Schreiben richtet
Soll ein an eine Firma adressierter Brief einer bestimmten Person zugeleitet werden, so wird der Name dieser Person mit folgendem Vermerk unter der Empfängeranschrift, meist nach dem Betreff, angegeben:
A la atención de la Sra. Pérez López. – *zu Händen von Frau Pérez López.*

P.O. bzw. P.A. oder P.P.
→ Die Abkürzungen **P.O. (por orden)** oder **P.A. (por autorización)** – *im Auftrag/in Vertretung* vor der Unterschrift weisen darauf hin, dass die unterzeichnende Person dazu befugt ist, den Brief für jemand anderen zu unterschreiben.

→ Die Abkürzung **P.P. (por poderes)** – *in Vollmacht* zeigt an, dass die unterzeichnende Person eine rechtliche Vollmacht besitzt, um im Namen einer anderen Person oder der Firma zu unterschreiben.

Die Anlagen
Im Anschluss an die Unterschrift gibt der Anlagevermerk unten links auf dem Briefblatt an, welche Unterlagen dem Brief beigefügt sind:

Anexos:
Anexo n° 1: Ficha técnica
Anexo n° 2: Condiciones generales

Das Postskriptum (la posdata) und das Notabene (la nota bene)
Unten links unter dem Anlagevermerk (falls vorhanden) können folgende Abkürzungen erscheinen:
→ **P.D.** oder **P.S.**: häufiger in der Privatkorrespondenz verwandt, fügt das Postskriptum eine im Brieftext vergessene oder vom Briefinhalt losgelöste Information an.

→ **N.B.**: mit dem Notabene beabsichtigt der Verfasser, auf einen im Brieftext schon angesprochenen Punkt nochmals verstärkt einzugehen.

STIL UND TEXTGESTALTUNG

- Wundern Sie sich nicht, wenn Sie in Spanien auch in formellen Beziehungen sehr rasch geduzt werden; das Duzen ist sowohl in Spanien als auch teilweise in Lateinamerika sehr viel stärker verbreitet als bei uns.

- Zum Spanisch Lateinamerikas ist noch anzumerken, dass in einigen Ländern (z. B. Argentinien) in der Umgangssprache die zweite Person **tú** durch **vos** ersetzt wird und das dazugehörige Verb in eine abgewandelte zweite Person Plural gesetzt wird: **vos tenés** – *du hast,* **vos andás** – *du gehst.* Für die zweite Person Plural *(ihr)* wird in ganz Lateinamerika in der Umgangssprache die Form **Ustedes** verwendet**. Ustedes tienen** kann also *ihr habt* oder *Sie haben* bedeuten.

- Der Inhalt des Briefes sollte so klar, knapp und bündig sein wie möglich, wobei alle doppeldeutigen Worte und Ausdrücke zu vermeiden sind, die zu Reklamationen oder Streitigkeiten Anlass geben könnten.
  Werden in einem Brief mehrere Themen angesprochen, sollte jedem einzelnen ein gesonderter Absatz gewidmet werden.

- Der Brieftext beginnt nach der Anrede.
  Es sind zwei Arten der Textgestaltung üblich:
  Der Blockstil: alle Absätze beginnen linksbündig und sind durch eine Leerzeile voneinander getrennt. Diese Art der Gliederung setzt sich immer stärker durch und ist für die Geschäftskorrespondenz zu empfehlen.
  Der Einzugstil: jeder Absatz beginnt mit einem Einzug. Auch in diesem Fall wird in der Geschäftskorrespondenz zwischen den einzelnen Absätzen eine Leerzeile eingefügt.

- Umfasst der Brief mehr als eine Seite, wird durch das Zeichen .../... unten rechts auf der Seite angezeigt, dass der Brief fortgesetzt wird. Das gleiche Zeichen erscheint auf der Folgeseite oben links.

- Geldbeträge werden normalerweise in Ziffern und Buchstaben genannt:
  ... la cantidad de 532.952 € (quinientos treinta y dos mil novecientos cincuenta y dos euros)

1 EIN TREFFEN VEREINBAREN

Frau Hernández, Generaldirektorin der Textilfirma Zagala S.A., möchte einen Termin mit einem Kunden vereinbaren. Außerdem setzt sie sich mit einer Journalistin der spanischen Zeitschrift «¿Qué tal?» in Verbindung, die sie bei der letzten Bekleidungsmesse in Düsseldorf kennen gelernt und oft in Madrid getroffen hat.

GESCHÄFTLICHE TERMINE

ZAGALA S.A.
Polígono Industrial «La Morriña»
Bloque n° 12 - 27072 LUGO
Tfno.: (982) 31 70 47 Fax: (982) 33 40 75

8 de octubre de 20...

Sr. D. Felipe Fraga Ancia
Director General
OLORES INTENSOS S.A.
Colonia del Viso
C/ Cabrales, 14
28035 Madrid

Estimado señor:

(1) ___________ de mencionarle por teléfono, tenemos la intención de ir a Madrid del 13 al 20 (2) ___________ para presentar nuestra colección a la que está cordialmente invitado (recibirá la tarjeta de invitación (3) ___________). Con motivo de este viaje, sería para mí de un gran interés informarle personalmente de la línea de perfumería que hemos lanzado en esta temporada. Si está Vd. de acuerdo, podríamos (4) ___________ para el martes 14 en su oficina a las diez de la mañana.

(5) ___________ o (6) ___________ por algún motivo, (7) ___________ para (8) ___________ de la semana en cuestión. (9) ___________ . En ese caso, le agradecería que lo confirmara con mi secretaria.

(10) ___________ , reciba un cordial saludo.

Susana Hernández

Susana Hernández
Directora General

Brief 1: Lösung auf Seite 147

Sie sollen nun den Geschäftsbrief vervollständigen. Beachten Sie bitte, dass sich in den entsprechenden Begriffsgruppen jeweils nur eine zutreffende Wendung befindet, mit deren Hilfe Sie den Lückenbrief vervollständigen können. Wählen Sie die richtige aus!

(1) *Sie beziehen sich auf eine vorangegangene Kontaktaufnahme:*
Con la oportunidad
Como ya tuve la oportunidad
Como ya tuvo una oportunidad

(2) *„des kommenden Monats":*
del mes que viene
del mes cercano
del siguiente mes

(3) *„in den nächsten Tagen":*
en un futuro
uno de estos días
un día de estos

(4) *„ein Treffen vereinbaren":*
concertar una cita
resolver una cita
quedarnos

(5) *Sie sprechen eventuelle Schwierigkeiten an:*
Si tiene problemas
Si tiene un problema
Si le plantea algún problema

(6) *Der Termin könnte ungelegen sein:*
no le viene bien
no le convence
no le es conveniente

(7) *Sie erwähnen die Möglichkeit, das Treffen zu verschieben:*
llegaríamos tarde a la cita
tendríamos que adelantar la cita
podríamos aplazar la entrevista

(8) *Sie schlagen einen anderen Tag vor:*
un día de estos
cualquier otro día
cierto día

(9) *„Es würde mir nichts ausmachen":*
A mí me dejaría indiferente
A mí me daría lo mismo
Yo no tengo ningún inconveniente

(10) *„In Erwartung Ihrer Nachricht":*
En espera de novedades
Esperando novedades
En espera de sus noticias

PRIVATE TERMINE

Lugo, 14 de octubre de 20…

(1) ____________ :
Te escribo porque (2) ____________ Madrid varios días (3) ____________ desfile de modelos que hacemos todos los años por estas fechas y esta vez (4) ____________ el Palacio de Congresos durante los días 16 y 17. Yo llegaré hacia el 12 ó 13 y estaré allí hasta el 19. (5) ____________ para mandarte con tiempo una invitación y para tener la ocasión de (6) ____________ , claro, (7) ____________ . ¿Te acuerdas de aquel restaurante de la calle Florida a donde solíamos ir? Si te parece, (8) ____________ allí para el 14 por la noche. De todas formas, te llamo por teléfono en cuanto llegue y lo confirmamos.

Un abrazo,

Susana

Brief 2: Lösung auf Seite 147

Wählen Sie nun die zutreffende Wendung aus, um den privaten Brief zu vervollständigen!

(1) *Die Anrede:*
Estimada señorita:
Muy Sra. mía:
Querida Petra:
Estimada amiga:

(2) *Sie beabsichtigen, an einem bestimmten Ort zu bleiben:*
pienso permanecer en
me planteo quedarme en
pienso quedarme en

(3) *„anlässlich der …“:*
si llega el caso del
ocasionado por el
con motivo del

(4) *„sie wird in … stattfinden“:*
estará en
será en
se quedará en

(5) *Sie möchten die Gelegenheit nutzen:*
Me aprovecho de la ocasión
Aprovecho esta oportunidad
Aprovecho cualquier motivo

(6) *Sie schlagen ein Wiedersehen vor:*
vernos con frecuencia
volver a vernos
vernos a menudo

(7) *Sie fragen, ob es ihr recht ist:*
si te apetece
si te gusta a ti
si das tu acuerdo

(8) *Sie schlagen ein Treffen vor:*
podría quedarme
podríamos quedar
podrías quedarte
podríamos quedarnos

WENDUNGEN

Eine Absicht formulieren

Pienso quedarme.	*Ich beabsichtige zu bleiben.*
Tenemos la intención de ir a Madrid.	*Wir haben die Absicht, nach Madrid zu fahren.*
Tengo el propósito de viajar.	*Ich habe vor zu verreisen.*
Intentaré ponerme en contacto con él.	*Ich werde versuchen, mich mit ihm in Verbindung zu setzen.*
Procura estar libre en esa fecha.	*Versuch dir diesen Termin freizuhalten.*
Quedó en hacerlo.	*Er/sie hat beschlossen, es zu tun.*
Quedamos en que nos veríamos a las tres.	*Wir haben verabredet, uns um drei zu sehen.*

Eine Gelegenheit nutzen

Con motivo del desfile de modelos...	*Anlässlich der Modenschau ...*
Aprovecho esta oportunidad...	*Ich nutze diese Gelegenheit ...*
Nos vimos con ocasión de un seminario.	*Wir haben uns anlässlich eines Seminars gesehen/getroffen.*
Ésta es una buena ocasión para volver a vernos.	*Das ist eine gute Gelegenheit, sich/uns wiederzusehen.*
Es una oportunidad para poder hablar.	*Es ist eine günstige Gelegenheit, um sich zu unterhalten.*
Nos hemos visto en algunas ocasiones.	*Wir haben uns ein paar Mal gesehen.*

Nach dem Einverständnis des anderen fragen (privat/geschäftlich)

si te apetece	*wenn du Lust hast*
si te/le parece	*wenn du meinst/Sie meinen*
si no te/le plantea ningún problema, si no representa un problema	*wenn es dir/Ihnen keine Schwierigkeiten bereitet*
si no te/le viene bien	*wenn es dir/Ihnen nicht recht ist*
si no ve ningún inconveniente	*wenn Sie nichts dagegen haben/es Ihnen nicht ungelegen kommt*

Ein Treffen vereinbaren (privat)

Podríamos quedar allí.	*Wir könnten uns dort treffen.*
Si quieres quedamos para el catorce.	*Wenn du willst, verabreden wir uns für den Vierzehnten.*

Einen Termin vorschlagen/verschieben (geschäftlich)

Podríamos concertar una cita para el martes.	*Wir könnten einen Termin für Dienstag vereinbaren.*
¿Podríamos concertar una cita para...?	*Könnten wir einen Termin für ... ausmachen?*
¿Me podría dar hora el doctor Silva para el martes?	*Könnte ich für Dienstag einen Termin bei Dr. Silva bekommen?*
Podríamos aplazar la entrevista.	*Wir könnten das Treffen/die Besprechung verschieben.*

Eigene Wünsche formulieren

Sería para mí de un gran interés informarle...	*Es wäre mir viel daran gelegen/sehr wichtig, Sie ... zu informieren.*
Preferiría el lunes.	*Ich würde den Montag vorziehen.*
Es preferible vernos en otro momento.	*Es wäre besser, wenn wir uns ein andermal sehen/treffen könnten.*
A mí me daría lo mismo.	*Mir wäre es egal.*
A nosotros nos da igual.	*Uns ist es egal.*
A mí me da/es igual.	*Es ist mir gleich.*
Para mi no sería ningún problema.	*Für mich wäre das kein Problem.*

Datum und Uhrzeit angeben

el mes que viene	*nächsten Monat*
hacia el 12 ó 13	*um den 12. oder 13. herum*
durante los días 16 y 17	*am 16. und 17.*
por la mañana, por la tarde, por la noche	*morgens, nachmittags/abends, abends*
a las diez de la mañana	*um zehn Uhr morgens*
para cualquier otro día de la semana	*an irgendeinem anderen Wochentag*

ANMERKUNGEN

→ Verwechseln Sie nicht **estar en** – *sich an einem bestimmten Ort befinden* mit **ser en** – *an einem bestimmten Ort stattfinden.*

→ Merken Sie sich die Wendung **volver a**, gefolgt von einem Verb im Infinitiv: sie drückt die Wiederholung einer Handlung aus.

→ **Con frecuencia** und **a menudo** bedeuten *oft.*

→ Vorsicht mit dem Verb **quedar**! In Verbindung mit **a una hora, en un lugar** bedeutet es *einen Zeitpunkt, einen Treffpunkt vereinbaren*; mit dem Wort **quedarse** – *bleiben* hat diese Wendung nichts zu tun.

→ Merken Sie sich, dass *bald/in den nächsten Tagen* mit **uno de estos días** übersetzt wird und nicht mit **un día de éstos** – *irgendwann.*

SIE SIND DRAN!

Querida Marisa:
No sé si sabes que tengo que ir a Salamanca el fin de semana que (1) viene y podría (2) ser una buena ocasión para (3) __________ a vernos. ¿Qué te (4) __________ ? Podríamos (5) __________ el 16 (6) __________ la noche, si te (7) __________ , claro. Te llamo cuando llegue.
Un abrazo,

Estimado amigo:
Como ya tuve (8) __________ de decirle por teléfono, tengo el (9) __________ de viajar a Málaga durante los días 25 y 26 del mes que (10) __________ . Con (11) __________ de este viaje, podríamos vernos, si (12) __________ parece bien y no le (13) __________ ningún problema. Si no ve (14) __________ inconveniente, podríamos (15) __________ una cita para el día 25 al final de la mañana y así comeríamos juntos. Le agradecería que su secretaria me lo (16) __________ .
Atentamente,

Estimada amiga:
Lamento comunicarle que la (17) __________ que habíamos (18) __________ para el 12 a las 5 (19) __________ la tarde, tendríamos que (20) __________ para otro día. Si a Vd. le (21) __________ igual, yo (22) __________ el día siguiente (23) __________ la mañana.
Le saluda atte.

Lösung auf Seite 159

2 EINLADUNGEN

Frau Hernández will Herrn Pedro Martinete schreiben, um ihn zu der in Madrid stattfindenden Bekleidungsmesse einzuladen. Mit gleicher Post schickt sie ihm eine Einladungskarte zu einem Cocktailempfang, der in einem Hotel gegeben wird. Darüber hinaus nutzt sie die Gelegenheit und lädt ihre Freunde Juan und Beate zum Abendessen ein.

FORMELLE EINLADUNG

ZAGALA S.A.
Polígono Industrial «La Morriña»
Bloque n° 12 - 27072 LUGO
Tfno.: (982) 31 70 47 Fax: (982) 33 40 75

15 de octubre de 20...

Sr. D. Pedro Martinete
AEROLÍNEAS AL-ANDALUS
Corte de los Milagros s/n
41001 Sevilla

(1) ___________:

(2) ___________ invitarle a la presentación de nuestra colección de otoño-invierno, acto que tendrá lugar en el marco del Salón del Prêt-à-Porter, el cual se celebra, como otros años, en el Palacio de Congresos y Exposiciones de Madrid durante los días 16 y 17 de noviembre.

(3) ___________ el HALL n° 3, stand 213. Como en años anteriores,
(4) ___________ y esperamos que la colección (5) ___________ .
(6) ___________ por su fidelidad, (7) ___________

Susana Hernández

Susana Hernández
Directora General

Brief 3: Lösung auf Seite 147

Vervollständigen Sie die Einladung zu einer Fachmesse!

(1) *Die Anrede:*
Querido Sr. Martinete:
Estimado Sr. Martinete:
Apreciado/-a señor/señora:
D. Pedro Martinete:

(2) *Sie formulieren eine Einladung*:
Sería un honor para Vds.
Es una satisfacción para nosotros
Estarían muy complacidos
Estaríamos gustosos

(3) *Sie geben einen Treffpunkt an*:
Podría encontrarnos por
Podrá encontrarnos en
Andamos por

(4) *Sie hoffen, dass Ihr Gast kommt*:
contamos con que venga
contamos con su presencia
quisiéramos que viniera
anímense a venir

(5) *Sie hoffen, dass Ihr Gast zufrieden sein wird*:
quede contento
le guste mucho
sea de su agrado

(6) *Sie bedanken sich nochmals*:
Reiterándole nuestro agradecimiento
Agradeciéndole otra vez
Gracias de nuevo

(7) *Die Schlussformel*:
le saludo cordialmente
le saluda cordialmente
te saludamos cordialmente
le saludo amistosamente

EINLADUNGSKARTE

Susana Hernández y
el equipo de Zagala

(1) ___________

al cóctel que (2) ___________ el Salón Sierra Quebrada del

Hotel Acapulco, Avda. de América, n° 1057

(3) ___________ a las siete y media de la tarde, con ocasión del desfile de modelos de la nueva colección otoño-invierno.

(4) ___________

Tfno.: (982) 31 70 47

Brief 4: Lösung auf Seite 147

Auf der Einladungskarte zu einem Cocktailempfang sind einige Textlücken, die Sie mit jeweils einer Wendung aus den folgenden Begriffsgruppen sinnvoll ergänzen können!

(1) *Sie laden zum Cocktailempfang ein:*
Agradecerá al Sr. Martinete que nos preste su asistencia
Agradecerá al Sr. Martinete su presencia
Le invita al Sr. Martinete a que se presente

(2) *Sie geben den Ort des Ereignisses an*:
se desarrollará en
se celebrará en
se festejará en

(3) *Sie geben den Tag an:*
el 15 del mes que viene
el próximo 15 de noviembre
el 15 del próximo mes

(4) *Sie bitten um Antwort*:
Se ruega confirmación
Contesten, por favor
No dejen de contestar
Exigimos contestación
Pedimos una contestación
Se ruega que confirmen

PRIVATE EINLADUNG

Lugo, 15 de octubre de 20…

Queridos Juan y Beate:

¿Cómo estáis? Ahí os mando una invitación para el desfile de modelos que hacemos todos los años y el cóctel que tendrá lugar después. Esta vez será el 15 y espero que vengáis sin falta.

Como el tiempo pasa sin darnos cuenta y (1) ____________ a los amigos de entonces, (2) ____________ hacer una cena especial (3) ____________ a la que quiero invitaros los primeros. (4) ____________ Me alegraría mucho de que pudiéramos reunirnos todos.

(5) ____________ . No faltéis. Espero vuestra contestación.

Susana.

Brief 5: Lösung auf Seite 148

Vervollständigen Sie das private Einladungsschreiben mit der richtigen Wendung!

(1) *Sie haben Ihre Freunde seit Jahren nicht mehr gesehen*:
años hace que vemos
llevo años sin ver
llevo años viendo

(2) *Sie berichten von der Idee, die Sie hatten*:
se me ha ocurrido
ha ocurrido
me ha ocurrido

(3) *Sie geben das Datum für das geplante Abendessen an*:
el 15 por la mañana
el 15 por la noche
el 15 por la tarde

(4) *Sie bitten Ihre Freunde um ihre Meinung*:
¿Qué parecéis?
¿Qué os parece?
¿En qué pensáis?

(5) *Sie erinnern abschließend an das bevorstehende Treffen*:
Os beso y hasta el 15
Os abrazo dentro de 15 días
Un abrazo y hasta el 15

WENDUNGEN

Eine formelle Einladung aussprechen

Zacarías Gordillo S.A. se complace en invitarle a...	*Zacarías Gordillo S.A. freut sich, Sie zu ... einladen zu dürfen.*
Luis Rebolledo Pérez y Maruja Ortega de Rebolledo tienen el gusto de invitarle a...	*Herr und Frau Rebolledo freuen sich, Sie zu ... einzuladen.*
Encarnación de Perales estaría muy complacida en que le acompañara.	*Encarnación de Perales würde sich sehr freuen, wenn Sie sie begleiten würden.*
Los Sres. de Castillaza tienen el honor de invitarles a...	*Herr und Frau de Castillaza geben sich die Ehre, Sie zu ... einzuladen.*

Den Ort des Ereignisses angeben

que tendrá lugar en...	*der/die/das in ... stattfinden wird*
que se celebrará en...	*der/die/das in ... stattfinden wird*
Nos encontramos en...	*Wir sind/befinden uns in ...*
Estamos instalados en...	*Wir sind/befinden uns in .../Unser Stand befindet sich in ...*

Datum und Uhrzeit angeben

el próximo domingo	*nächsten Sonntag*
a las 11 de la noche	*um 23 Uhr*
el 1 por la tarde	*am 1. nachmittags*

Auf das Kommen des Gastes hoffen (formell)

Esperamos (que) puedan asistir a la cena que tendrá lugar en…	*Wir hoffen, Sie werden an dem Abendessen teilnehmen können, das in … gegeben/stattfinden wird.*
Esperamos sea de su agrado.	*Wir hoffen (sehr), dass Sie zufrieden sein werden.*

Um eine rasche Antwort bitten (formell)

Rogamos envíen respuesta rápida.	*Wir bitten Sie um eine rasche/baldige Antwort.*
Agradeceríamos nos comunicaran su respuesta lo antes posible.	*Wir wären Ihnen dankbar, wenn Sie uns so bald wie möglich Ihre Antwort mitteilen könnten.*
Se ruega confirmen/confirmar asistencia.	*Wir bitten Sie, Ihre Teilnahme zu bestätigen.*

Einen Vorschlag machen/Um die Meinung des Empfängers bitten (informell)

Se nos ha ocurrido que podríais venir con nosotros.	*Wir haben uns gedacht, dass ihr uns begleiten könntet.*
Se me ocurrió llamar a Pepe.	*Ich hatte die Idee, Pepe anzurufen.*
¿Qué opináis de pasar el fin de semana en nuestra casa de campo?	*Was haltet ihr davon, das Wochenende in unserem Landhaus zu verbringen?*
¿Qué os parece?	*Was haltet ihr davon?*

Jemanden privat einladen

Nos gustaría que vinierais a cenar el viernes 13.	*Wir würden uns freuen, wenn ihr am Freitag, den 13., zum Abendessen kommen könntet.*
¿Te gustaría venir a pasar el fin de semana con nosotros?	*Hättest du Lust, das Wochenende mit uns zu verbringen?*
¿Por qué no venís un día y comemos juntos?	*Habt ihr nicht Lust, mal zum Mittagessen zu kommen?*

ANMERKUNGEN

→ Nach den Ausdrücken **es una satisfacción**, **es un honor**, **es un placer** steht nie die Präposition **de**: **Es un placer invitarles**. Nach den Wendungen **se complace**, **estaría complacido/-a** muss die Präposition **en** stehen: **Nos complacemos en invitarles**.

→ Das Verb **contar** mit der Präposition **con** bedeutet hier *rechnen mit, zählen auf*: **contamos con su presencia** – *wir zählen auf Ihr Kommen.*

➔ Die bei Einladungskarten übliche Wendung **agradece su presencia** besitzt nicht die wörtliche Bedeutung „bedankt sich für Ihre Anwesenheit"; es handelt sich vielmehr um eine Höflichkeitsformel, die bei formellen Einladungen gebräuchlich ist: *Wir würden uns über Ihr Kommen freuen.*

➔ Verwechseln Sie nicht **prestar asistencia a** – *pflegen* mit **asistir a** – *teilnehmen an.*

➔ Im Zusammenhang mit Festen, Empfängen, Versammlungen usw. wird *stattfinden* mit **tener lugar**, manchmal auch mit **celebrarse** übersetzt.

➔ Der Ausdruck **que viene** im Sinne von *kommende(n/s)* steht nach den Wörtern **mes, semana, año: la semana que viene**. Er steht jedoch selten nach einem Wochentag und ist bei Monatsnamen nicht gebräuchlich.

➔ Beachten Sie, dass nach dem Konditional **me alegraría** unbedingt der „Subjuntivo" Imperfekt stehen muss: **Me alegraría que pudiéramos...** – *Es würde mich freuen, wenn wir ... könnten.*

➔ In der Korrespondenz zwischen zwei Freundinnen oder zwei Freunden unterschiedlichen Geschlechts wird die Briefschlussformel **un abrazo** oder **un beso** benutzt.

SIE SIND DRAN!

Muebles REDONDO se complace (1) __________ invitarle (2) __________ la exposición de modelos que (3) __________ a las siete de la (4) __________ el (5) __________ 26 de setiembre (6) __________ nuestros locales situados en (7) __________ Almirante, (8) __________ 357.

Marilina Iriarte de Samaniego, Directora de la Galería I.S. (9) __________ . al Sr. Carrascal su (10) __________ a la inauguración de la exposición de Jaume Torrell, que tendrá lugar (11) __________ sábado (12) __________ a partir de (13) __________ siete de la tarde.

Te escribo para invitarte el lunes que viene, si estás libre, (14) __________ cenar. Se (15) __________ ha ocurrido que (16) __________ *(poder)* ser una ocasión para charlar. ¿Qué (17) __________ parece? A mí me alegraría mucho que (18) __________ *(poder)* volver a vernos.
Un abrazo,

Lösung auf Seite 159

3 EINLADUNGEN BEANTWORTEN

Herr Martinete, Generaldirektor von Aerolíneas Al-Andalus, hat Frau Hernández' Einladung erhalten. Er kann jedoch nicht nach Madrid kommen und muss leider absagen.
Juan Serranilla de la Hoz und seine Frau Beate dagegen freuen sich sehr, dass sie bald Susana und die alten Freunde aus der Universitätszeit wiedersehen werden.

FORMELLER ANTWORTBRIEF

AL-ANDALUS
C/ Corte de los Milagros s/n
41001 Sevilla

Sra. Hernández
Zagala S.A.
Polígono Industrial
"La Morriña" Bloque n° 12
27072 Lugo

Sevilla, 20 de octubre de 20...

Estimada Sra. Hernández:

(1) ____________ la invitación que me ha enviado con motivo de la presentación de sus nuevos modelos pero (2) ____________ , ya que
(3) ____________ las nuevas funciones de mi cargo.
(4) ____________ a este acontecimiento, que personalmente considero fundamental para la industria y el diseño de nuestro país. Le deseo toda clase de éxitos y espero una próxima ocasión para vernos.

Cordialmente,

Pedro Martinete
Director General

Brief 6: Lösung auf Seite 148

Ergänzen Sie das Antwortschreiben von Herrn Martinete mit Hilfe der nachfolgenden Satzelemente.

(1) *Sie bedanken sich für die Einladung*:
Gracias por
Le agradezco
Le agradece

(2) *Sie bedauern, nicht teilnehmen zu können*:
lamentablemente no podré asistir
no poder asistir es un lamento
siento lástima al no asistir

(3) *Ihre neuen Aufgaben erlauben es Ihnen nicht, der Einladung zu folgen*:
no me dejan
me lo impiden
me lo piden

(4) *Sie bitten um Entschuldigung*:
Le ruego acepte mi ausencia
Excuse mi falta
Le ruego disculpe mi ausencia

INFORMELLER ANTWORTBRIEF

Madrid, 27 de octubre de 20…

Querida Susana:

(1) ____________ invitación para tu próximo desfile. (2) ____________ porque (3) ____________ que todo lo que haces nos interesa muchísimo.

Por otra parte, has tenido muy buena idea en reunirnos a todos los amigos de la época. (4) ____________ y puedes contar con nosotros sin falta. También me gustaría hablar contigo de un asunto.

Me imagino que nos veremos en el cóctel.

Un beso de mi parte y un abrazo de Juan. Hasta el 15.

Beate

Brief 7: Lösung auf Seite 148

Ergänzen Sie nun auch das Antwortschreiben von Frau Beate Huber de Serranilla (Juan schreibt nicht gern).

(1) *Sie bedanken sich bei Ihrer Freundin*:
Muchas gracias por la
Te agradecemos tu
Te manifestamos nuestro agradecimiento por tu

(2) *Sie teilen ihr Ihre Absicht mit, der Einladung zu folgen*:
Nos iremos encantados
Iremos encantados
Nos encanta irnos

(3) *„du weißt ja"*:
ya sabes
lo sabes bien
tú sabes bien

(4) *Sie finden es großartig*:
Nos parece estupendo
Nos pareces estupendo
Nos pareces precioso

WENDUNGEN

Eine Einladung annehmen

(formell)

Le confirmo mi asistencia a la presentación de modelos.	*Ich bestätige meine Teilnahme an der Vorführung der Modelle.*
Le agradezco su invitación y le confirmo mi asistencia a la exposición.	*Ich bedanke mich für Ihre Einladung und bestätige meine Teilnahme an der Ausstellung.*

(informell)

Cuenta con nosotros para la excursión a Cespedosa del Tormes.	*Du kannst für den Ausflug nach Cespedosa del Tormes mit uns rechnen.*
Iremos con mucho gusto/encantados a tu fiesta de cumpleaños.	*Wir kommen sehr gerne zu deiner Geburtstagsfeier.*

Eine Einladung absagen

(formell)

Lamento no poder asistir...	*Ich bedaure, an ... nicht teilnehmen zu können.*
Le ruego disculpe mi ausencia por tener un compromiso previo.	*Ich bitte Sie, mein Fernbleiben/meine Abwesenheit aufgrund anderweitiger Verpflichtungen zu entschuldigen.*
Siento mucho no poder asistir a la cena del 13, ya que me encuentro en esas fechas en Almendralejo por negocios urgentes.	*Leider kann ich zu Ihrem Abendessen am 13. nicht kommen, da ich an diesem Tag aufgrund dringender Geschäfte in Almendralejo sein werde.*

(informell)

Lo sentimos, pero no podemos porque a Paco le operan de... — *Es tut uns Leid, aber wir können nicht kommen, da Paco an ... operiert wird.*

No sabes cómo lo sentimos, pero ese día habíamos quedado en ir a ver al abuelo Cosme. — *Du kannst dir nicht vorstellen, wie sehr es uns Leid tut, aber wir hatten vor, an diesem Tag Großvater Cosme zu besuchen.*

ANMERKUNGEN

➔ Beachten Sie, dass das Wort **gracias** eher dem informellen Sprachgebrauch angehört, während bei formellen Schreiben das Verb **agradecer** verwendet wird: **Le agradezco la invitación.** – *Ich danke Ihnen für die Einladung.*

➔ Auch wenn es sich nur um einen minimalen Unterschied handelt, ist es doch ratsam, bei einer formellen Ablehnung **lamentar** statt **sentir** zu benutzen. Ist die Person, die die Entschuldigung schreibt, dieselbe, die auch die Einladung nicht annehmen kann, so folgt auf das Verb **lamentar** der Infinitiv:
Lamento no poder asistir... – *Leider kann ich ... nicht teilnehmen.*

➔ Merken Sie sich, dass höfliche Entschuldigungsformeln mit der Wendung **Le ruego** – *Ich bitte Sie/Ich möchte Sie bitten* eingeleitet werden, an die sich unmittelbar das Verb im „Subjuntivo" anschließt: **... disculpe** – *zu entschuldigen:* **Le ruego disculpe mi ausencia.**

➔ Verwechseln Sie nicht die beiden Formen **ir** – *gehen* und **irse** – *fortgehen, einen Ort verlassen.*

➔ Merken Sie sich, dass **estupendo/-a** *sehr gut, großartig* bedeutet, **precioso/-a** dagegen *sehr schön, sehr hübsch.*

SIE SIND DRAN!

Sie bedanken sich bei Ihrem Lieferanten für die Einladung, lehnen jedoch ab:

Estimado Sr. Cerrado:
(1) ___________ mucho la invitación a su stand para el Salón de Componentes Electrónicos, pero (2) ___________ no poder asistir (3) ___________ negocios urgentes en el Sudeste Asiático. Le ruego (4) ___________ mi ausencia y (5) ___________ que su exposición tenga un gran éxito.

Sie nehmen eine Einladung zu einem Empfang an:

Estimados señores:
Les (6) ___________ su invitación a la recepción del 15 del corriente y les (7) ___________ por la presente mi (8) ___________ .
Cordialmente,

Ihre Freundin Pilar hat Sie zu ihrer Silvesterparty eingeladen und bittet Sie um eine Bestätigung der Einladung:

Querida Pilar:
Muchas (9) ___________ por la invitación a tu fiesta. (10) ___________ encantados y así (11) ___________ *(poder)* ver a todos los amigos. (12) ___________ *(contar)* con nosotros.
Un abrazo,

Lösung auf Seite 159

4 AUSKÜNFTE EINHOLEN

Frau Hernández erhält ein Schreiben von einer Modejournalistin, die für einen Zeitungsartikel Informationen über bestimmte Modelle benötigt.

El Imparcial
Manuel Azaña, 36 / 28040 Madrid

Sra. Dª. Susana Hernández
Directora General
ZAGALA S.A.
Polígono Industrial
"La Morriña" Bloque n° 12
27072 Lugo

Madrid, 14 de diciembre de 20...

Estimada señora:

(1) ___________ del diario "El Imparcial" y (2) ___________ la Sección "Ropa". Siempre (3) ___________ con enorme interés sus creaciones y (4) ___________ en los modelos de la colección otoño-invierno, ya que tengo la intención de hacer un artículo sobre las tendencias de la moda.

(5) ___________ (a vuelta de correo, de ser posible) (6) ___________ disponible sobre dichas prendas: tejidos, colores, y, siempre que pueda, respecto a (7) ___________ de venta al público.

(8) ___________ dicha información con fotos de algunos modelos, ya que me gustaría incluirlas en mi artículo y (9) ___________ si Vd. me autoriza a publicarlas.

Con mi agradecimiento anticipado y en espera de su respuesta.

Atentamente,

Carmen Vázquez Sastre

Carmen Vázquez Sastre

Brief 8: Lösung auf Seite 148

Vervollständigen Sie nun den Brief, in dem die Modejournalistin um Auskünfte bittet.

(1) *Sie stellen sich vor*:
Soy una periodista
Me dedico al periodismo
Ando trabajando de periodista

(2) *Sie geben Ihre Funktion an*:
me han encargado
me ocupo de
me han dado un encargo

(3) *Welche Zeitform des Verbs muss hier bei „siempre" stehen?*
seguí
había seguido
he seguido

(4) *Sie bekunden Ihr Interesse*:
tengo especialmente intereses
estoy especialmente interesada
me interesa especialmente

(5) *Sie sprechen Ihre Bitte aus*:
Le ruego me envíe
Le pido un envío
Ruego que transmitan

(6) *„möglichst ausführliche Informationen"*:
la mejor información
la mayor información
el informe mayor
el informe mejor

(7) *„die Durchschnittspreise"*:
los medios de pago
los precios del medio
los precios medios

(8) *Sie bitten um die Zusendung von …*:
Le agradecería me enviara
Me agradecería le enviara
Quiero que me mande

(9) *„ich möchte gerne wissen"*:
me gustaría saber
quisiera saber
podría saber

WENDUNGEN

Interesse bekunden

Estoy especialmente interesado/-a en…	*Ich interessiere mich besonders für …*
Tengo mucho interés en…	*Ich bin an … sehr interessiert.*
Me intereso mucho por ese sector.	*Ich interessiere mich sehr für diesen Bereich.*
Como sus productos me interesan mucho…	*Da Ihre Produkte mich sehr interessieren …*
Dado mi interés por…	*Da ich mich für … interessiere./Aufgrund meines Interesses für …*

Um Informationen, Auskünfte bitten

Le ruego me transmita...	*Ich bitte Sie, mir ... zuzusenden.*
Le agradecería me enviara...	*Ich wäre Ihnen sehr dankbar, wenn Sie mir ... schicken würden.*
Quisiera disponer de...	*Ich hätte gerne ...*
Quisiera que me enviaran...	*Bitte schicken Sie mir ...*
Quisiera por la presente pedirles...	*Hiermit möchte ich Sie um ... bitten.*
la mayor información sobre...	*möglichst ausführliche Informationen über ...*
información respecto a...	*Auskunft über/bezüglich ...*
cuantos detalles puedan proporcionarnos...	*alle Einzelheiten, die Sie uns ... zur Verfügung stellen können.*

Die gewünschten Unterlagen nennen

Sírvanse enviarnos...	*Bitte schicken Sie uns ...*
un folleto explicativo	*eine Broschüre/einen Prospekt*
una lista de precios	*eine Preisliste*
un catálogo detallado	*einen ausführlichen Katalog*
las muestras	*die Muster/Proben*
sus condiciones de pago	*Ihre Zahlungsbedingungen*
sus plazos de entrega	*Ihre Lieferfristen*
Sírvanse comunicarnos los precios de los artículos/las mercancías con las siguientes referencias:	*Bitte teilen Sie uns die Preise der Artikel mit folgender Bezugsnummer mit:*

Sich über eine Person oder ein Unternehmen erkundigen

Les rogamos nos transmitan...	*Wir bitten Sie, uns ... zu senden.*
informes respecto a...	*Auskünfte/Informationen über ... (Person)*
información comercial y financiera sobre la empresa...	*geschäftliche und finanzielle Auskünfte über die Firma ...*

Eine Möglichkeit ansprechen

siempre que pueda	*falls Sie können*
de ser posible	*falls es möglich ist*
si fuera posible	*wenn/falls es möglich wäre*
si pudiera	*wenn Sie könnten*
si no les causa molestia	*wenn es Ihnen keine Unannehmlichkeiten bereitet*
si no les molesta	*wenn es Sie nicht stört*

Zusätzliche Wünsche formulieren

Además, desearía...	*Außerdem würde/hätte ich gerne ...*
Por otra parte, nos gustaría...	*Andererseits/Im Übrigen würden wir gerne ...*

Asimismo, quisiera que me enviaran…	*Ich möchte Sie gleichzeitig/außerdem bitten, mir … zu schicken.*
lo más rápido posible	*so schnell wie möglich*
a la mayor brevedad	*so bald/schnell wie möglich/baldmöglichst*

Auskunftsersuchen beantworten

conforme a sus deseos	*Ihren Wünschen gemäß*
tal como lo solicitaban	*gemäß Ihrer Bitte*
Nos es grato comunicarles/ participarles…	*Wir freuen uns, Ihnen mitteilen zu können/Sie darüber zu informieren …*
Lamentamos/Sentimos no poderles comunicar…	*Leider können wir Ihnen nicht mitteilen, …*
Desgraciadamente, nos es del todo imposible…	*Bedauerlicherweise ist es uns vollkommen unmöglich …*
Nos vemos en la imposibilidad de…	*Wir sehen uns außerstande/nicht in der Lage zu …*

ANMERKUNGEN

→ Merken Sie sich, dass man seinen Beruf mit dem Verb **ser** angibt (**soy periodista**); dagegen hat **estar de** oder **trabajar de**, gefolgt von einer Amts- oder Funktionsbezeichnung, die Bedeutung von *arbeiten als*:
Trabajo de directora de ventas.

→ Bei **siempre** – *immer*, **ya** – *schon*, **ahora** – *jetzt*, **nunca/jamás** – *nie* muss als Vergangenheitsform das Perfekt stehen: **Siempre he seguido…**

→ *Interessiert sein an* können Sie mit **tener interés en** oder **estar interesado/-a en** übersetzen.

→ Der spanische Ausdruck für *postwendend* lautet **a vuelta de correo**.

→ Achten Sie auf den Unterschied zwischen **mayor** und **el/la mayor: mayor** bedeutet *größere(r)*, **la mayor** *die größte* und **la mayor… posible** *(die) größtmögliche/so umfassende … wie möglich.*

→ *Auskünfte*, die sich auf eine natürliche oder juristische Person beziehen, werden im Spanischen mit **informes** (immer im Plural!) oder **información** übersetzt.

SIE SIND DRAN!

Señores:
(1) ____________ secretaria ejecutiva y (2) ____________ particularmente interesada (3) ____________ sus clases de tratamiento de texto. Les ruego me (4) ____________ documentación (5) ____________ dicho curso lo más completa posible (duración, contenido...) y les agradecería (6) ____________ *(decir)* también si (7) ____________ posible seguirlos por correspondencia.
Con mi agradecimiento (8) ____________, se (9) ____________ atentamente

(10) ____________ profesor de economía en la Universidad de La Alcarria y me (11) ____________ mucho (12) ____________ la economía de la agricultura en alta montaña. Le agradecería me (13) ____________ sobre este tema.
Le saluda atte.

Estimados señores:
Nos permitimos escribirles (14) ____________ haberles citado en referencia una candidata a un puesto de secretaria. Les agradeceríamos nos (15) ____________ toda la (16) ____________ posible sobre Dª. Teresa Márquez.

Lösung auf Seite 159

5 DANKESBRIEFE

Frau Hernández muss einen förmlichen Dankesbrief aufsetzen, da sie vertrauliche Informationen über einen zukünftigen Kunden erhalten hat. Außerdem will sie sich schriftlich bei ihrer Freundin Petra bedanken, die sie zu einem Wochenende bei Freunden eingeladen hat.

FORMELLER DANKESBRIEF

ZAGALA S.A.
Polígono Industrial «La Morriña»
Bloque n° 12 - 27072 LUGO
Tfno.: (982) 31 70 47 Fax: (982) 33 40 75

25 de noviembre de 20...

Sr. del Canto Llanos
DIMES & DIRETES S.A.
C/ Gregorio I, n° 1
28028 MADRID

Estimado señor:

Quisiera (1) ____________ por haber contestado (2) ____________ a mi carta de la semana pasada (3) ____________ le solicitaba informes sobre la empresa OLORES INTENSOS S.A. Éstos me han sido de una gran utilidad (4) ____________ y le quedo, por ello, muy agradecido.

(5) ____________ y, (6) ____________ en cualquier ocasión, reciba mis más atentos saludos.

Susana Hernández

Susana Hernández
Directora General

Brief 9: Lösung auf Seite 149

Vervollständigen Sie jetzt das Dankschreiben, in dem sich Frau Hernández für die erhaltenen Informationen bedankt.

(1) *Sie bedanken sich bei Ihrem Briefpartner*:
manifestarle mis gracias
manifestarle mi agradecimiento
que me agradeciera

(2) *Sie erwähnen seine prompte Antwort*:
con tantas prisas
tan rápidamente
de pronto

(3) *(der Brief,) „in dem …“:*
desde la que
de la que
en la que

(4) *„aufgrund ihrer Genauigkeit“*:
para ser preciso
por su precisión
por su imprecisión

(5) *„Da ich keine weiteren Fragen habe“*:
Sin nada que añadir
Sin otro particular
No veo nada de particular

(6) *Sie bieten dem Empfänger Ihre Dienste an*:
esperando serle útil
usando mis capacidades
esperando no ser un inútil

INFORMELLER DANKESBRIEF

Lugo, 25 de noviembre de 20…

Querida Petra:

¿Qué tal? (1) ____________ con unas letras y estas flores (2) ____________ me hayas dedicado esos días (3) ____________ siempre un recuerdo inolvidable.

(4) ____________ Paco y Lucía por casualidad, (5) ____________ de mi parte (6) ____________ tan cordial en su casa de campo y les dices (7) ____________ esta semana (8) ____________ personalmente. Diles también (9) ____________ contigo a verme algún fin de semana.

Llámame. (10) ____________ ,

Susana.

Brief 10: Lösung auf Seite 149

Vervollständigen Sie das Dankschreiben, in dem sich Frau Hernández für die private Einladung bedankt.

(1) *Sie schicken ein Kärtchen*:
Te dirijo estas letras
Te envío esta carta
Te mando esta tarjeta

(2) *„um dir zu danken"*:
para agradecerte que
para agradecerte por
para agradecerte por anticipado

(3) *Sie werden die gemeinsamen Tage immer in Erinnerung behalten*:
de quien guardaré
de quienes conservaré
de los que guardaré

(4) *„Wenn du … triffst"*
Si encuentras a
Si te encuentras con
Si tienes un encuentro con

(5) *Sie bitten die Empfängerin darum, Ihren Dank weiterzuleiten*:
agradéceles
dales las gracias
le saluda

(6) *Sie beziehen sich auf die freundliche Aufnahme*:
de su acogida
por su acogida
para su acogida

(7) *Sie haben den Freunden schon geschrieben*:
que ya les escribí
que ya les ha escrito
que ya les he escrito

(8) *„um mich bei ihnen zu bedanken"*:
para agradecerles
para agradecerlo
para agradecérselo

(9) *Sie bitten die Empfängerin, die Freunde zu einem Besuch zu überreden*:
que decidan si vienen
que se animen a venir
si se deciden a venir

(10) *Schlussformel*:
Te abrazo
Un atento saludo
Besos

WENDUNGEN

Sich für etwas bedanken

(formell)

Quisiera manifestarle(s) mi agradecimiento por haber contestado…	*Ich möchte mich bei Ihnen dafür bedanken, dass Sie … geantwortet haben.*
Quisiera expresarle(s) mi gratitud por haber resuelto…	*Ich möchte Ihnen meinen Dank dafür aussprechen, dass Sie … gelöst haben.*
Le(s) agradezco me haya(n) informado…	*Ich danke Ihnen, dass Sie mich … informiert haben.*

Quisiera darles las gracias por su acogida.	*Ich möchte mich für Ihre freundliche Aufnahme bedanken.*
Le estoy muy agradecido/-a por su intervención.	*Ich bin Ihnen sehr dankbar für Ihre Vermittlungstätigkeit/Ihr Eingreifen.*
Le(s) agradezco mucho el interés.	*Besten Dank für Ihr Interesse.*
Le quedo muy agradecido/-a por ello/eso.	*Ich bin Ihnen dafür zu besonderem Dank verpflichtet.*
Ha(n) sido usted(es) muy amable(s).	*Es war sehr freundlich von Ihnen.*

(informell)

Te agradezco que hayas enviado...	*Ich danke dir, dass du ... geschickt hast.*
Te agradezco mucho que intervinieras...	*Ich bin dir sehr dankbar, dass du ... vermittelt hast.*
Muchas gracias por haberme contestado/por el favor.	*Vielen Dank für deine Antwort/für den Gefallen.*
Gracias a todos por vuestra hospitalidad.	*Danke an alle für eure Gastfreundschaft.*
Te agradezco mucho el regalo.	*Ich danke dir ganz herzlich für das Geschenk.*

Kurze Dankesformeln

Te/Os lo agradezco mucho.	*Ich danke dir/euch sehr dafür.*
Se lo agradecemos mucho a Vd(s).	*Wir sind Ihnen sehr dankbar dafür./ Wir danken Ihnen sehr dafür.*
Diles que se lo agradezco.	*Sag ihnen, dass ich mich dafür bei ihnen bedanke.*
Dale las gracias de mi parte.	*Bestell ihm/ihr vielen Dank von mir.*

Große Dankbarkeit ausdrücken

No sabes cómo/cuánto te lo agradezco.	*Du ahnst nicht, wie dankbar ich dir dafür bin.*
Te lo agradezco en el alma.	*Ich danke dir von ganzem Herzen dafür.*
No sabe lo agradecido/-a que le estoy por sus atenciones.	*Ich bin Ihnen für Ihre Aufmerksamkeit/ Liebenswürdigkeit überaus dankbar.*

Sich im Voraus bedanken

Agradeciéndoselo por anticipado.../ Agradeciéndole de antemano...	*Vielen Dank im Voraus ...*
Le(s) damos las gracias de antemano.	*Wir bedanken uns im Voraus bei Ihnen.*

ANMERKUNGEN

→ Verwechseln Sie nicht **carta** – *Brief* mit **tarjeta** – *Karte (Post-, Kredit-, Visiten-, Einladungskarte)* oder mit **letra** – *Buchstabe, Wechsel.*

→ Beachten Sie bei der Wendung **le quedo muy agradecido/-a**, dass das Verb **quedar** hier das Verb **estar** ersetzt; möglich ist also auch: **Le estoy muy agradecido/-a.**

→ Merken Sie sich, dass nach **decir que** der Indikativ oder der „Subjuntivo" stehen kann. Will man eine Information mitteilen, verwendet man den Indikativ: **Les dices que les he escrito.** Will man eine Bitte formulieren, so muss das nachfolgende Verb im „Subjuntivo" stehen: **Diles que se animen a venir.**

SIE SIND DRAN!

Querido José:
Sólo unas (1) ___________ para (2) ___________ que me (3) ___________ mandado tan pronto los documentos que te pedí. (4) ___________ también las (5) ___________ de mi parte a tu profesor (6) ___________ haberte ayudado a encontrarlos. Ya (7) ___________ escribiré yo para (8) ___________ personalmente.
Un abrazo,

Estimados señores:
Quisiera (9) ___________ mi agradecimiento (10) ___________ su intervención en el caso CONPRISA. No saben cómo (11) ___________ lo (12) ___________ a todos Vds.
Ésta ha sido (13) ___________ mí de una gran utilidad y espero que yo (14) ___________ serles útil en (15) ___________ otra ocasión.
Se despide atte.

¡Muchas (16) ___________ a ti y (17) ___________ tus padres (18) ___________ el maravilloso regalo que me habéis hecho! Ya les escribiré yo para (19) ___________ personalmente.

Lösung auf Seite 159

6 ENTSCHULDIGUNGEN

Herr Fraga Ancia hat eine Verabredung, die er mit Frau Hernández hatte, nicht eingehalten; er schreibt ihr nun einen Entschuldigungsbrief.

OLORES INTENSOS S.A.
Colonia Del Viso Cabrales, 14
28035 Madrid

Sra. Dª. Susana Hernández
ZAGALA S.A.
Polígono Industrial
"La Morriña" Bloque nº 12
27072 Lugo

Berlín, 20 de noviembre de 20...

Estimada Sra. Hernández:

Le escribo desde Berlín para pedirle (1) __________ por (2) __________ la entrevista del martes pasado que teníamos prevista en Madrid (3) __________ . El avión en el que volaba tuvo una avería y fue desviado hacia Alicante y, desde entonces, he estado muy ocupado. En este momento me encuentro en Berlín por cuestión de negocios.

Puede creerme que (4) __________ mucho (5) __________ en Madrid, pero puedo asegurarle que (6) __________ . No sabe (7) __________ . Espero que podamos volver a vernos en breve plazo.

Atentamente,

Felipe Fraga Ancia

Felipe Fraga Ancia
Director General

Brief 11: Lösung auf Seite 149

Ergänzen Sie mit Hilfe der nachstehenden Wendungen das Schreiben, in dem sich Herr Fraga Ancia für die versäumte Verabredung entschuldigt.

(1) *„Entschuldigung"*:
disculpas
excusas
perdones

(2) *„versäumt zu haben"*:
haber fallado en
haber faltado a
haber perdido

(3) *„seit einiger Zeit"*:
desde aquel tiempo
desde hace mucho tiempo
desde hace tiempo

(4) *Sie drücken Ihr Bedauern aus*:
lamento
echo de menos
le compadezco
le tengo lástima

(5) *„dass wir uns nicht gesehen haben"*:
al no haberle visto
que no nos hayamos visto
que no estemos bien vistos

(6) *Sie entschuldigen sich*:
no tengo disculpas
no ha sido culpa mía
no es una falta

(7) *Sie bekräftigen Ihr Bedauern*:
como siento
lo que siento
cuánto lo siento

WENDUNGEN

Sich bei jemandem entschuldigen

Le pido que me disculpe.	*Ich bitte Sie, mich zu entschuldigen.*
Disculpe por haber faltado a la cita.	*Entschuldigen Sie bitte, dass ich unsere Verabredung nicht eingehalten habe.*
Perdone que no asista mañana a…	*Entschuldigen Sie bitte, dass ich morgen nicht an ... teilnehmen kann.*

Sein Bedauern ausdrücken

Lamento que no nos hayamos visto.	*Es tut mir Leid, dass wir uns nicht getroffen/gesehen haben.*
Siento no poder venir.	*Es tut mir Leid, dass ich nicht kommen kann.*
Lo siento (mucho).	*Es tut mir (sehr) Leid.*
Lo lamento.	*Ich bedaure (es).*
No sabe cómo/cuánto lo siento/lamento.	*Sie wissen nicht, wie sehr ich es bedaure.*

Sich rechtfertigen

He tenido problemas. — *Ich hatte Schwierigkeiten.*
No ha sido culpa mía. — *Es war nicht meine Schuld.*

ANMERKUNGEN

➔ Die Übersetzung für das Wort *Entschuldigung* lautet **disculpas**. Das Substantiv **excusa** und das dazugehörige Verb **excusar** werden kaum gebraucht, außer in der Wendung **presentar sus excusas** – *sich entschuldigen.*

➔ Um den Grund für eine bestimmte Handlung einzuleiten, verwendet man die Präposition **por**: **disculpas por** – *Entschuldigung für/wegen*; mit **para** dagegen wird eine Absicht angedeutet: **Le escribo para pedirle disculpas.** – *Ich schreibe Ihnen, um mich bei Ihnen zu entschuldigen.*

➔ Merken Sie sich, dass **tener** das Verb **haber** ersetzen kann, wenn das Ergebnis einer bestimmten Handlung besonders betont werden soll: **la entrevista que teníamos prevista** – *das Treffen, das wir vereinbart hatten.* Die Endung des Partizips (**prevista**) richtet sich in diesem Fall nach dem Substantiv (**la entrevista**).

➔ Verwechseln Sie nicht die Verben **lamentar**, **sentir** – *bedauern*, **echar de menos** – *vermissen* und **compadecer** – *Mitleid haben.*

SIE SIND DRAN!

Quisiera disculparme (1) ___________ haber (2) ___________ ayer a la reunión que (3) ___________ fijada desde (4) ___________ tiempo, pero (5) ___________ que tuve que salir rápidamente de Madrid (6) ___________ solucionar un negocio urgente.

Lamento que no (7) ___________ *(recibir)* todavía los documentos que te había prometido. No sabes (8) ___________ lo siento, pero no es (9) ___________ mía. Te puedo asegurar que ya los he mandado y espero que los (10) ___________ *(recibir)* pronto.

Quisiera presentarle todas mis (11) ___________ por el desagradable incidente del otro día. La verdad (12) ___________ que no fue (13) ___________ de nadie, pero (14) ___________ mucho lo que pasó.

Querida Luisa:
Perdona que el otro día no (15) ___________ *(poder)* asistir a tu fiesta, pero (16) ___________ que tuve un problema en el último momento. (17) ___________ siento mucho.

Lösung auf Seite 159

7 GEWERBLICHE ANGEBOTE

Frau Hernández erhält ein sehr verlockendes Werbeschreiben, in dem die Leistungen einer EDV-Firma angepriesen werden.

TEJE MANEJE Orense, 258
28020 Madrid

Tfno.: (91) 265 44 28 / Fax: (91) 265 40 75

Sra. Dª. Susana Hernández
ZAGALA S.A.
Polígono Industrial
"La Morriña" Bloque n° 12
27072 Lugo

Madrid, 12 de enero de 20...

(1) ¡ ___________ el sector textil!

A la atención de la Sra. Hernández.

Estimada señora:

(2) ___________ de soluciones informáticas (3) ___________ al sector textil, los programas concebidos por Teje-Maneje (4) ___________ de realizar todo tipo de dibujos, colores y tramas.

No sólo (5) ___________ un equipo de ingenieros altamente calificados, sino que nuestro volumen de ventas, realizado con empresas como Fiorelli S.A. y Jacke & Hose A.G., demuestra nuestra ya larga experiencia en el campo internacional. Disponemos, por otra parte, de un completo servicio técnico y de formación.

Nos complace adjuntarle en anexo las posibilidades de nuestros sistemas y (6) ___________ consultarnos por teléfono a nuestra sede madrileña, donde la Srta. Fernández (7) ___________ gustosamente.

En espera de sus noticias, reciba un cordial saludo.

Domingo Sierra Morales

Domingo Sierra Morales
Director Comercial

Brief 12: Lösung auf Seite 149

Vervollständigen Sie den Rundbrief, in dem ein neues Produkt vorgestellt wird; bedienen Sie sich hierbei in korrekter Weise der nachfolgenden Wendungen.

(1) *Sie präsentieren in knapper Form Ihr Angebot*:
¡A finales, el programa que le hace falta... !
¡Por fin, el programa que necesita... !
¡Al final del programa que quiere... !

(2) *Sie vergleichen Ihre Produkte mit denen der Konkurrenz*:
Relacionado con la multitud
Frente a la multitud
Confrontados a la multitud

(3) *„völlig ungeeignet"*:
totalmente inadecuadas
completamente ineptas
completamente adelantadas

(4) *Sie rühmen die Einzigartigkeit Ihrer Produkte*:
son los únicos capaces
son unos cuantos capaces
son uno de tantos capaces
son uno entre otros muchos capaces

(5) *„wir verfügen über ..."*:
contamos con
damos por descontado
hacemos descuentos a

(6) *Sie ermutigen die potenziellen Kunden*:
no tenga miedo de
sea valiente para
no dude en

(7) *Sie nennen eine Ansprechpartnerin*:
le atenderá
estará ocupada
le ocupará
le encontrará ocupación

WENDUNGEN

Ein lang erwartetes Ereignis ankündigen

por fin/al fin	*endlich*
menos mal que	*glücklicherweise*
Al final podemos presentar el producto.	*Endlich können wir das Produkt vorstellen.*

Auf ein Angebot hinweisen

Tenemos el gusto de ofrecerle...	*Wir freuen uns/haben das Vergnügen, Ihnen ... anbieten zu können.*
Podemos proponerle...	*Wir können Ihnen ... anbieten.*
No desaproveche/pierda esta ocasión.	*Versäumen/Verpassen Sie diese Gelegenheit nicht.*
Aproveche esta oferta especial/la oferta más ventajosa de toda la competencia/de todo el mercado/en el mercado.	*Nutzen Sie dieses Sonderangebot/das günstigste Angebot auf dem gesamten Markt.*

Nos es grato incluirle un muestrario de nuestros productos.	*Wir freuen uns, Ihnen eine Musterauswahl unserer Produkte beizulegen.*
Le adjuntamos una lista de precios.	*Wir legen Ihnen eine Preisliste bei.*
Podrá encontrar todas las características técnicas en el folleto que le enviamos.	*Alle technischen Daten können Sie der beiliegenden Broschüre entnehmen.*
Estamos seguros de que quedará satisfecho.	*Wir sind sicher, dass Sie zufrieden sein werden.*

Die Bedingungen eines Angebots nennen

las condiciones de esta oferta	*die Angebotsbedingungen*
La oferta especial es válida hasta el 12 de marzo de este año.	*Das Sonderangebot gilt bis zum 12. März dieses Jahres.*

Sich mit den anderen Anbietern vergleichen

frente a la multitud de...	*angesichts der großen Menge von ...*
con relación a/en relación con su oferta	*bezüglich Ihres Angebots*
en contra de su opinión	*entgegen Ihrer Meinung*
Si compara... con cualquier otro producto de la competencia...	*Wenn Sie ... mit irgendeinem anderen Produkt der Konkurrenz/auf dem Markt vergleichen ...*

Die Qualität der angebotenen Leistungen bzw. Produkte hervorheben

no sólo... sino que (también, además)	*nicht nur, ... sondern (auch, außerdem)*
Podemos hacerle una demostración gratuita de...	*Wir können Ihnen ... kostenlos vorführen.*
Pueden quedárselo/-la a prueba durante una semana.	*Sie können es/ihn/sie eine Woche zur Probe behalten.*
Podrá apreciar la calidad de nuestro servicio, único en su género.	*Sie werden die Qualität und Einzigartigkeit unserer Leistung schätzen.*
la resistencia y fiabilidad de nuestros productos	*die Haltbarkeit und Zuverlässigkeit unserer Produkte*
Podemos ofrecerle las mayores facilidades de pago.	*Wir können Ihnen die größten Zahlungserleichterungen bieten.*
El montaje es de una gran sencillez.	*Die Montage/Der Einbau ist äußerst einfach.*
con la preocupación constante de...	*in der ständigen Sorge um ...*
Nos comprometemos incondicionalmente...	*Wir verpflichten/verbürgen uns bedingungslos ...*
Todos los aparatos cumplen las normas vigentes.	*Alle Geräte erfüllen die geltenden Normen.*

Garantien bieten

Nos comprometemos a...	*Wir verbürgen uns dafür, dass ...*
Le aseguramos un completo servicio de posventa.	*Wir garantieren Ihnen einen umfassenden Kundendienst.*
Garantizamos el producto durante un año.	*Wir gewähren ein Jahr Garantie auf das Produkt.*
Respetamos todas las normas de seguridad.	*Wir beachten sämtliche Sicherheitsvorschriften.*
Le ofrecemos todo tipo de soluciones personalizadas.	*Wir bieten Ihnen die verschiedensten, auf Sie zugeschnittenen Lösungen.*
Estamos en condiciones de ayudarle.	*Wir sind in der Lage, Ihnen zu helfen.*

ANMERKUNGEN

➔ Merken Sie sich, dass **a finales** ein zeitlicher Ausdruck ist:
a finales de mes – *Ende des Monats.*

➔ Vorsicht mit den unterschiedlichen Bedeutungen folgender Ausdrücke:
unos cuantos = algunos – *einige*; **uno de tantos = uno cualquiera** – *irgendeiner*; **uno entre otros muchos** – *einer unter vielen anderen.*

➔ Merken Sie sich, dass **contar** in Verbindung mit der Präposition **con** *rechnen mit, verfügen über* heißt.

➔ Statt **el volumen de ventas** – *der Umsatz* können Sie auch nur **las ventas** bzw. **la facturación** oder auch **el volumen de negocio** sagen.

➔ Achten Sie darauf, dass Sie bei dem Ausdruck **dudar en hacer algo** – *zögern, etwas zu tun* die richtige Präposition verwenden.

➔ Achtung! **Ocuparse de** heißt *sich kümmern um*, **una ocupación** jedoch ist gleichbedeutend mit **un trabajo**, **un empleo** – *eine Arbeit, eine Anstellung.*

SIE SIND DRAN!

(1) ____________ señor:
¡Le ofrecemos la máquina revolucionaria que Vd. (2) ____________ para su empresa!
(3) ____________ los problemas cotidianos que, sin duda, conoce su industria, esta máquina es actualmente (4) ____________ única del mercado (5) ____________ de solucionarlos.
¡No (6) ____________ esta oportunidad y no (7) ____________ en consultarnos!

Estimado cliente:
Tenemos el gusto de (8) ____________ la oferta siguiente, sólo (9) ____________ durante este mes. Por eso, ¡no lo (10) ____________ más y (11) ____________ esta oportunidad única! Para más información, (12) ____________ nuestro catálogo llamándonos a nuestra (13) ____________ social.

Estimada Sra. Roca:
Nos complace (14) ____________ las nuevas (15) ____________ de material auxiliar para sus productos. Como de costumbre, le aseguramos un completo servicio de (16) ____________ y el material está (17) ____________ durante un año.

Lösung auf Seite 159

8 ANFORDERN EINES KOSTENVORANSCHLAGS

Die Fluggesellschaft Aerolíneas Al-Andalus will ihre Stewardessen neu einkleiden. Zu diesem Zweck bittet Herr Martinete die Firma Zagala S.A. um einen entsprechenden Kostenvoranschlag.

AL-ANDALUS
C/ Corte de los Milagros s/n
41001 Sevilla

Zagala S.A.
Polígono Industrial
"La Morriña" Bloque n° 12
27072 Lugo

13 de febrero de 20...

Estimados señores:

Quisiéramos comunicarles por la presente que (1) ___________ restringido (2) ___________ equipar con nuevo vestuario a las azafatas de nuestras líneas aéreas.

Les agradeceríamos que a la mayor brevedad posible y, (3) ___________ a nuestra sede central (Subdirección de Vestuario y Detalles) por correo certificado (4) ___________ del material que aparece especificado en el Anexo n° 1 y según (5) ___________ generales (6) ___________ (Anexo n° 2) y (7) ___________ .

(8) ___________ y en espera de su respuesta, les saluda atentamente

Pedro Martinete
Director General

Anexos:
Anexo n° 1: Pliego técnico de condiciones
Anexo n° 2: Pliego general de condiciones

Brief 13: Lösung auf Seite 150

Vervollständigen Sie Herrn Martinetes Brief mit Hilfe der nachfolgenden Elemente.

(1) *Sie kündigen eine Angebotsausschreibung an*:
es nuestra intención concursar
es nuestra intención abrir un concurso
queremos hacer una oferta

(2) *„im Hinblick auf"*:
a la vista de
con vistas a
con la vista puesta en

(3) *Sie bitten darum, dass Ihnen zu einem bestimmten Zweck etwas zugesandt wird*:
con este propósito, nos enviaran
con esa proposición que enviamos
con el fin de que les enviáramos

(4) *„einen detaillierten Kostenvoranschlag"*:
una estimación detallista
algún detalle
un presupuesto detallado

(5) *Sie beziehen sich auf die Vergabebedingungen*:
el pliego de condiciones
las condiciones impuestas
las exigencias

(6) *Sie verweisen auf Anlagen*:
les adjuntamos accesoriamente
que les adjuntamos en anexo
que les anexionamos

(7) *Sie bitten um eine genaue Befolgung der Angaben*:
al que habrán de atenerse rigurosamente
al que debe atender con rigor
que debe tener estrechamente

(8) *Sie bedanken sich im Voraus*:
Con nuestro agradecimiento anticipado
Con mis gracias por delante
Le adelanto mi agradecimiento

WENDUNGEN

Eine Absicht äußern

Nuestro propósito/Nuestra intención es...	*Es ist unsere Absicht/Wir beabsichtigen zu ...*
Tenemos la intención/el propósito de...	*Wir haben die Absicht zu ...*
Estamos empeñados en lograr...	*Wir bemühen uns/sind darum bemüht, ... zu erreichen.*
Estamos decididos a...	*Wir sind entschlossen, zu ...*
Ya estamos en ello.	*Wir arbeiten bereits daran.*
Lo enviamos con el propósito de...	*Wir schicken es mit der Absicht/um zu ...*

Um rasche Ausführung bitten

Le ruego nos envíe lo antes posible…	*Ich bitte Sie, uns so schnell wie möglich/ baldmöglichst … zuzuschicken.*
Les rogamos nos suministren cuanto antes…	*Wir bitten Sie, uns so schnell wie möglich … zu liefern.*
a la mayor brevedad posible/lo más pronto posible	*so schnell wie möglich*

Ein Ziel formulieren

Lo hacemos…	*Wir tun es …*
con vistas a…	*im Hinblick auf/um zu/damit …*
a fin de que puedan entregarnos…	*damit Sie uns … liefern können*
Trabajamos con ese fin/esa finalidad.	*Wir arbeiten mit diesem Ziel/in dieser Absicht/darauf hin.*
a efectos de entablar negociaciones	*um in Verhandlungen zu treten*

Versandarten angeben

mandar/enviar por correo	*per Post schicken*
Envíelo por correo.	*Schicken Sie es auf dem Postweg.*
Deberá mandarlo por carta certificada/por correo certificado.	*Sie müssen es als/per Einschreiben schicken.*
El paquete va certificado con acuse de recibo.	*Wir schicken das Paket per Einschreiben mit Empfangsbestätigung.*
Deberá enviarlo…	*Sie müssen es … schicken.*
por avión	*per Flugzeug*
por mensajero	*per Boten*
urgente	*per Eilpost/als Eilsendung*

Auf die Einzelheiten eines Kostenvoranschlages eingehen

Se atendrá a las siguientes condiciones/ Cumplirá las siguientes condiciones:	*Er/Sie/Es muss folgende Bedingungen erfüllen:*
El presupuesto deberá incluir las siguientes partidas:	*Im Kostenvoranschlag müssen folgende Posten aufgeführt sein:*
El plazo máximo de entrega será de…	*Die maximale Lieferzeit beträgt …*
Los precios que les cotizamos/ indicamos…	*Die Preise, die wir Ihnen anbieten, …*
Nuestros precios están sujetos a las fluctuaciones del mercado internacional.	*Unsere Preise unterliegen den Schwankungen auf dem internationalen Markt.*
En caso de pago al contado, podemos concederle una rebaja especial del 5%.	*Bei Barzahlung können wir Ihnen einen Sonderrabatt von 5 % gewähren.*
Se despacharán las mercancías.	*Die Waren werden geliefert.*

Deberá indicarnos el plazo mínimo de fabricación.	*Teilen Sie uns die Mindestherstellungsfrist mit.*
Sería preferible que nos enviaran unas muestras.	*Wir würden es vorziehen, wenn Sie uns Muster schicken könnten.*

Sich im Voraus bedanken

Agradecimos por anticipado.	*Besten Dank im Voraus.*
Con nuestro agradecimiento anticipado...	*Mit Dank im Voraus/Wir bedanken uns im Voraus und ...*
Agradeciéndoselo por anticipado...	*Mit Dank im Voraus ...*
Le damos las gracias de antemano.	*Wir bedanken uns im Voraus.*

ANMERKUNGEN

➔ Beachten Sie, dass die deutsche Wendung *wir würden gerne* gewöhnlich mit **quisiéramos** anstelle des Konditionals **querríamos** übersetzt wird.

➔ Merken Sie sich, dass nach der Wendung **nuestra intención/nuestro propósito es...** nie **de** steht: **Nuestra intención es abrir una sucursal.** – *Wir beabsichtigen, eine Filiale zu eröffnen.*

➔ Denken Sie daran, dass die Verbformen, die auf **agradeceríamos**, **quisiéramos**, **rogaríamos...** folgen, die Endung **-ara** bzw. **-iera** haben müssen:
Les agradeceríamos nos transmitiera/enviara... – *Wir wären Ihnen dankbar, wenn Sie uns ... übersenden/schicken könnten.*

➔ Das Wort **presupuesto** kann auch *Budget* bedeuten:
el presupuesto del año que viene – *das Budget für das kommende Jahr.*

➔ Verwechseln Sie nicht **un anexo** – *eine Anlage* (eines Schriftstücks) mit **un anejo** – *ein Orts- oder Gebäudeteil.*
Übrigens: Im lateinamerikanischen Spanisch wird **adjuntar en anexo** oft durch **anexar** ersetzt.

➔ Merken Sie sich den Ausdruck **en espera de: En espera de su respuesta...** – *In Erwartung Ihrer Antwort ...*

SIE SIND DRAN!

Quisiera comunicarles que (1) ____________ la intención de amueblar nuestras oficinas de Madrid y con este (2) ____________ les agradecería nos (3) ____________ *(remitir)* un (4) ____________ detallado de material de mobiliario en las mejores condiciones.
Con nuestro (5) ____________ anticipado y en (6) ____________ de sus (7) ____________ , se despide atte.

Les rogamos (8) ____________ *(cotizar)* precios del material que (9) ____________ en anexo en las mejores condiciones indicándonos el (10) ____________ mínimo de fabricación. Su oferta deberá llegarnos lo (11) ____________ posible, por carta (12) ____________ y por duplicado dada la urgencia de nuestra cartera de pedidos.

Estimado señor:
(13) ____________ *(servir)* enviarme un (14) ____________ detallado de una instalación completa de calefacción (15) ____________ el plano que le (16) ____________ . El presupuesto (17) ____________ comprender las siguientes (18) ____________ : coste de materiales y mano de obra y (19) ____________ de ir acompañado de una factura pro forma.

Lösung auf Seite 160

9 BERICHT ERSTATTEN

Zwei Mitarbeiter der Firma Zagala S.A. unternehmen eine Geschäftsreise nach Sevilla, Granada und Málaga. Unterwegs passiert ihnen allerdings eine Reihe von Missgeschicken, so dass sie schließlich ein Fax an die Firmenzentrale schicken müssen, in dem sie um neue Anweisungen bitten ...

Hotel Alfonso XI

Sepúlveda, 500 Tfno.: (95) 448 19 92
41005 Sevilla Fax: (95) 448 14 92

Fax de: J. Lazarrón
para: Susana Hernández

Sevilla, 20 de marzo de 20...

Te mando este fax para decirte que (1) __________ a Sevilla. (2) __________ y no (3) __________ ver a nadie. Anoche, (4) __________ al aeropuerto, nos (5) __________ que pasaba algo raro: (6) __________ . Habían suprimido todos los vuelos porque se había declarado una huelga sorpresa de controladores aéreos. Entonces, anulamos los billetes y nos fuimos a la estación, donde logramos coger un tren de noche, pero en pleno campo el tren se paró. (7) __________ un atentado y no pudimos continuar hasta que acabaron de arreglar las vías. Fue imposible llegar a la cita que (8) __________ a las once con Pedro Martinete. Además, nos han dicho que aquí no suelen abrir por las tardes. Así que no sabemos qué hacer. Contéstanos rápido al número de fax del hotel ¿Nos quedamos y anulamos las otras citas o seguimos?

J. Lazarrón

Brief 14: Lösung auf Seite 150

Vervollständigen Sie den Bericht der beiden Mitarbeiter.

(1) *Eine soeben abgeschlossenene Handlung*:
terminamos de llegar
acabamos de llegar
acabamos por llegar

(2) *Ein länger andauernder Zustand*:
Estamos esperando dos días las noticias
Seguimos esperando dos días más tus noticias

Llevamos esperando dos días tus noticias

(3) *Ein Vorfall, der sich am selben Tag ereignet hat*:
hemos podido
pudimos
habíamos podido
podemos

(4) *Ein Vorfall, der sich soeben ereignet hat*:
en cuanto a llegar
más que nada llegar
en cuanto llegamos
desde que llegamos

(5) *Ein weiter zurückliegendes Ereignis*:
damos cuenta de
dimos cuenta de
hemos dado cuenta de
habíamos dado cuenta de

(6) *Vergangene Ereignisse*:
la gente corría; los pasillos estaban llenos
la gente corrió; los pasillos estuvieron llenos
la gente ha corrido ; los pasillos han estado llenos

(7) *Ein vorangegangenes Vorkommnis*:
Hubo
Había habido
Había

(8) *Eine abgeschlossene Handlung*:
resultó prevista
teníamos prevista
quedó prevista

WENDUNGEN

Dauer und Kontinuität ausdrücken

Llevamos esperando dos días.	*Wir warten seit zwei Tagen.*
Llevo un mes sin noticias tuyas.	*Seit einem Monat habe ich keine Nachricht von dir.*
Hace una semana que te esperamos.	*Seit einer Woche warten wir auf dich.*
Te esperamos desde hace...	*Wir erwarten dich seit ...*
Seguimos preocupados.	*Wir machen uns nach wie vor Sorgen.*
Seguimos sin tener noticias.	*Wir haben immer noch keine Nachricht.*

Vergangene Ereignisse wiedergeben

Anoche nos dimos cuenta...	*Gestern Abend (Nacht) haben wir gemerkt ...*
Anteayer no pudimos entrar...	*Vorgestern konnten wir nicht ... hineingelangen.*
Antes de que cancelaran/Antes de cancelar...	*Bevor (es) annuliert/abgesagt wurde/ wird ...*
Después de que llegaran.../que llegaron...	*Nachdem sie gekommen waren ...*

Von einer soeben vollzogenen Handlung berichten

apenas habíamos entrado	*kaum waren wir hereingekommen/ hereingegangen*
tan pronto como entramos	*kaum dass wir hereingekommen/ hereingegangen waren*

ANMERKUNGEN

→ Nach **hoy, este mes, este año, esta semana, ahora...** muss das Perfekt stehen: **Hoy hemos podido...**

→ Nach **anoche, el mes (año) pasado, ayer** werden die Formen des „Indefinido" verwendet: **Ayer dimos, nos fuimos, pudimos...**

→ Zur Beschreibung einer vergangenen Handlung von bestimmter Dauer verwendet man das Imperfekt: **La gente corría.**

SIE SIND DRAN!

Luisa:
Anoche te (1) ___________ *(estar llamando)* varias veces y no (2) ___________ *(contestar)* nadie. Esta mañana (3) ___________ *(volver a llamar)* y tampoco (4) ___________ *(conseguir)* hablar contigo. Por eso, estoy muy preocupado. Por favor, ponte en contacto conmigo cuanto antes.

Querida Ana:
(5) ___________ ya una semana sin tener noticias tuyas. El otro día te (6) ___________ *(esperar)* a la salida y no (7) ___________ *(venir)*. No sé qué pensar.

Lösung auf Seite 160

10 GLÜCKWÜNSCHE UND KONDOLENZBRIEFE

Frau Hernández fühlt sich verpflichtet, einem ehemaligen Mitarbeiter ihrer Firma, der eine neue Anstellung in einem anderen Unternehmen gefunden hat, Glückwünsche zu übersenden. Leider muss sie am selben Tag auch einen Kondolenzbrief anlässlich des Todes eines ihrer treuesten Auslieferer verfassen.

KONDOLENZBRIEF

ZAGALA S.A.
Polígono Industrial «La Morriña»
Bloque n° 12 - 27072 LUGO
Tfno.: (982) 31 70 47 Fax: (982) 33 40 75

Lugo, 25 de marzo de 20...

Sr. D. Javier Serrano Béjar
Gerente
DISTRITELA S.A.
C/ S. Vicente Ferrer, n° 35
46002 VALENCIA

Estimado cliente y amigo:

Estamos profundamente (1) __________ por (2) __________ del Sr. Soriano y (3) __________ por (4) __________ . En nombre de todos y en el mío propio, quisiera enviarle (5) __________ . Mis compañeros también (6) __________ y (7) __________ su sincero afecto en estos momentos tan dolorosos.

Susana Hernández
Directora General

Brief 15: Lösung auf Seite 150

Ergänzen Sie mit Hilfe der nachfolgenden Vorgaben das Kondolenzschreiben.

(1) *Sie geben Ihrer Betroffenheit Ausdruck*:
conmovidos
lastimados
inquietos

(2) *„der Tod"*:
el sacrificio
el desfallecimiento
el fallecimiento

(3) *Sie geben Ihrem Schmerz Ausdruck*:
muy dañados
muy afectados
muy perjudicados

(4) *„die traurige Nachricht"*:
la novedad triste
la triste noticia
esa triste novela

(5) *Sie sprechen Ihr Beileid aus*:
mi triste sentimiento
mi última dolencia
mi sentido pésame

(6) *Sie erwähnen die Anteilnahme anderer Menschen*:
le acompañan en el sentimiento
me acompañan en mis sentimientos
le acompañan en su sentimentalismo

(7) *Man hat Sie gebeten, Beileidsbekundungen zu übermitteln*:
me encargan le transmita
se encargan de transmitirle
le encargan me transmita

GLÜCKWUNSCHBRIEF

ZAGALA S.A.
Polígono Industrial «La Morriña»
Bloque n° 12 - 27072 LUGO
Tfno.: (982) 31 70 47 Fax: (982) 33 40 75

Lugo, 25 de marzo de 20...

Sr. D. Carlos Escala y Escala
C/ Virgen de la Montaña, n° 1
28023 MADRID

Querido amigo:

(1) ___________ tu nombramiento de Director General por la revista "Nuestros Nuevos Triunfos" no sabes (2) ___________ . (3) ¡ ___________ ! Quisiera mandarte (4) ___________ por este ascenso.

(5) ___________ lo más rápidamente posible, tal como ha sido hasta ahora en todos los puestos que has ocupado con tanta eficacia.

Un abrazo,

Susana Hernández

Susana Hernández

Brief 16: Lösung auf Seite 151

Ergänzen Sie nun das Glückwunschschreiben.

(1) *Sie haben soeben von einem Ereignis erfahren*:
Sin noticias de
Al aprender
Al enterarme de

(2) *Sie äußern Ihre Freude*:
lo contenta que me he puesto
lo que me he divertido
lo infeliz que eres

(3) *Sie freuen sich für den anderen*:
Me gusta mucho
Me alegro por ti
En ese caso me jubilo

(4) *Sie sprechen Ihren Glückwunsch aus*:
mis felicidades
mi enhorabuena
mi felicidad

(5) *Sie wünschen Erfolg*:
Mi deseo es que te saquen en triunfo
Ojalá salgas en los sucesos
Te deseo que tengas éxito

WENDUNGEN

KONDOLENZ

Ergriffenheit zum Ausdruck bringen

Profundamente conmovidos por...	*Zutiefst berührt/bewegt von ...*
La noticia me ha dejado muy afectado/-a.	*Die Nachricht hat mich sehr betroffen gemacht.*
Estoy muy conmovido/-a por...	*Ich bin erschüttert über ...*

Schmerz und Trauer zum Ausdruck bringen

Al enterarnos de la triste noticia...	*Als wir die traurige Nachricht ... erfuhren ...*
Es una gran pena para todos.	*Es ist für alle sehr schmerzlich/ein großer Schmerz.*
Ha sido una gran pérdida.	*Es bedeutet einen großen Verlust.*

Jemandem sein Beileid aussprechen

Le acompaño en el sentimiento.	*Ich spreche Ihnen mein Beileid/Mitgefühl aus.*
Me uno a tu dolor por...	*Ich teile deinen Schmerz über/wegen ...*
No sabes cómo lo lamentamos/ sentimos.	*Du kannst dir nicht vorstellen, wie sehr wir es bedauern/wie sehr es uns Leid tut.*
Reciba mi sentido pésame.	*Ich möchte Ihnen mein aufrichtiges/ innigstes Beileid aussprechen.*

GLÜCKWÜNSCHE

Seiner Freude Ausdruck verleihen

No sabes cuánto/lo que me alegro.	*Du weißt nicht, wie sehr ich mich freue.*
Me alegro mucho de/por eso.	*Ich freue mich sehr darüber.*
Me alegro de que te nombren...	*Ich freue mich, dass du ... ernannt wirst.*
Se puso muy contento con...	*Er hat sich sehr über ... gefreut.*
Estamos todos muy contentos de/por...	*Wir freuen uns alle sehr über/, dass ...*
Celebro mucho tu decisión.	*Ich freue mich sehr über deine Entscheidung.*
¡Qué bien que lo hayas logrado!	*Wie gut, dass du es geschafft hast!*
Para nosotros ha sido una gran alegría que...	*Es war (für) uns eine besondere Freude, dass ...*

Jemanden beglückwünschen

¡Feliz cumpleaños!	*Herzlichen Glückwunsch zum Geburtstag!*
¡Muchas felicidades a los dos en el día de vuestra boda!	*Euch beiden herzliche Glückwünsche zu eurer Hochzeit!*
¡Enhorabuena por tu nombramiento!	*Meinen Glückwunsch zu deiner Ernennung!*
¡Recibe mi (más sincera) enhorabuena!	*Meinen (aufrichtigen/herzlichsten) Glückwunsch!*
Felicítale de mi parte.	*Bestell ihm viele/herzliche Glückwünsche von mir.*
¡Que seáis muy felices!	*Ich wünsche euch, dass ihr sehr glücklich werdet!*

Festtagswünsche aussprechen

¡Feliz Navidad y Próspero Año Nuevo!	*Frohe Weihnachten und ein glückliches Neues Jahr!*

Erfolg wünschen

Le deseo mucho éxito.	*Ich wünsche Ihnen viel Erfolg.*
¡Que tenga(s) mucho éxito!	*Viel Erfolg!*
¡(Buena) suerte!	*Viel Glück!*
¡Que tenga(s) suerte!	*Viel Glück!*
¡Que te salga bien el negocio!	*Erfolgreiches Geschäft!/Ich wünsche dir viel Erfolg für dieses Geschäft!*

Darum bitten, Glückwünsche/Beileidsbekundungen zu übermitteln

Me encargan le transmita...	*Man hat mich gebeten, Ihnen ... zu übermitteln.*
Dale la enhorabuena de parte mía.	*Bestell ihm herzliche Glückwünsche von mir.*
Dale el pésame de mi parte.	*Sprich ihm mein Beileid aus.*
Dale recuerdos de mi parte.	*Grüß ihn von mir.*

ANMERKUNGEN

➔ Beachten Sie die Konstruktion **al enterarme** – *als ich erfuhr*: sie drückt Gleichzeitigkeit aus. Nach **enterarse** – *(eine Neuigkeit etc.) erfahren* steht immer die Präposition **de**.

➔ Merken Sie sich einige Verwendungsformen der Präposition **por** im Spanischen:

Mittel:	**por la revista** – *durch die Zeitschrift*
Anteilnahme:	**Me alegro por ti.** – *Ich freue mich für dich.*
Anlass:	**Enhorabuena por...** – *Herzlichen Glückwunsch zu ...*
Grund:	**Conmovido/-a por...** – *Tief bewegt von ...*

➔ Im Spanischen sind die Wendungen **lo contento/-a que estoy**, **lo que me alegro** gleichzusetzen mit: **qué contento/-a estoy** und **cómo/cuánto me alegro** – *wie sehr ich mich freue.*

➔ **Jubilarse** bedeutet *in Rente gehen/in den Ruhestand treten.*

➔ Die deutsche Übersetzung von **suceso** lautet *Ereignis* (nicht etwa „Erfolg" wie das englische „success" oder das französische „succès"), meistens im Sinne von *Lokalereignis, -nachricht.*

➔ Die Wendung **lo más rápidamente posible** – *so schnell wie möglich* kann auch ausgedrückt werden durch **cuanto antes** und **lo antes posible**.

➔ Beachten Sie, dass ein positiver Vergleich durch **tal(es) como**, **tanto(s)/tanta(s) como** eingeleitet wird.

➔ Im Schriftverkehr wird die Wendung **me encargan le transmita** ohne **que** konstruiert.

SIE SIND DRAN!

Muchas gracias (1) ___________ la noticia de tu boda. Ni Juan ni yo nos habíamos (2) ___________ *(enterarse)* de que te hubieras casado tan pronto. No sabes (3) ___________ me alegro. Me imagino (4) ___________ contenta (5) ___________ estarás. Recibe mi (6) ___________ y tanto Juan (7) ___________ yo os deseamos muchas (8) ___________ a los dos.

Sie wünschen einem/-r Freund/in viel Glück zum Geburtstag:

Te escribo para desearte un feliz (9) ___________ . ¡Muchas (10) ___________ y que (11) ___________ *(cumplir)* muchos más!

Sie geben im Namen aller Kollegen in der Zeitung „El Sur de Castilla" eine Anzeige anlässlich des Todes des Generaldirektors Ihrer Firma auf:

Ha (12) ___________ en Madrid D. Luis Pedralbes, Director General de LATO S.A.
Los empleados de la empresa se unen al (13) ___________ de la familia Pedralbes (14) ___________ esta (15) ___________ pérdida.

Sie schicken ein Kondolenztelegramm:

Conmovido/-a (16) ___________ el (17) ___________ de nuestro buen amigo y cliente, reciba nuestro (18) ___________ .

Lösung auf Seite 160

11 RESERVIEREN, MIETEN

Wie jedes Jahr muss Frau Hernández' Sekretärin anlässlich des traditionellen Führungskräfteseminars der Firma Zagala S.A. mehrere Zimmer in einem ruhigen Hotel reservieren. Außerdem bittet sie um gewisse Zusatzleistungen.

ZAGALA S.A.
Polígono Industrial «La Morriña»
Bloque n° 12 - 27072 LUGO
Tfno.: (982) 31 70 47 Fax: (982) 33 40 75

27 de marzo de 20...

Hotel Mucha Vista
Paseo Marítimo, 25
36600 Cambados
(PONTEVEDRA)

Estimados señores:

(1) ___________ diez (2) ___________ con baño, del 12 al 13 de mayo inclusive, (3) ___________ de la empresa Zagala S.A. Una de ellas deberá ser exterior, (4) ___________ mar si fuera posible, y estar (5) ___________ TV y (un) vídeo.

(6) ___________ igualmente si el pequeño salón "Rías Baixas", que ya hemos utilizado en otras ocasiones, estará libre en las fechas indicadas para realizar un seminario de ventas.

En caso de que tanto las habitaciones como el salón estuvieran disponibles en dichas fechas, (7) ___________ confirmación (8) ___________ por teléfono o fax a los números indicados anteriormente. Asimismo, les agradecería me comunicaran la lista de precios de las habitaciones (con y sin pensión completa) y del alquiler del salón sin ningún servicio adicional para poder ultimar con Vds. todos los detalles.

Atentamente,

Cecilia Buendía

Cecilia Buendía
Secretaria

Brief 17: Lösung auf Seite 151

Helfen Sie nun der Sekretärin, diese Reservierungen vorzunehmen, indem Sie den Lückentext ergänzen.

(1) *Sie nehmen eine Reservierung vor*:
Les pido reserven
Les ruego reserven
Les pido reservar

(2) *„einfache Zimmer"*:
habitaciones sencillas
habitaciones simples
simples habitaciones

(3) *„auf den Namen von Frau Hernández"*:
con el nombre de la Sra. Hernández
a nombre de la Sra. Hernández
para la Sra. Hernández

(4) *„mit Blick auf …"*:
con vista al
con vista sobre
con vista hacia
a vista del

(5) *„ausgestattet mit …"*:
equipada con
con un equipamiento de
acondicionada con

(6) *Sie möchten etwas Bestimmtes wissen*:
Querría saber
Quiero saber
Necesitaría saber

(7) *Sie bitten um die Zusendung von …*:
les agradezco me envíen
gracias por enviarme
agradecido que me envíen
les agradece que os envíe

(8) *„so bald wie möglich"*:
a la mayor brevedad posible
en el plazo más corto
con una gran rapidez

WENDUNGEN

Reservieren, mieten

Les ruego reserven una mesa para seis.	*Bitte reservieren Sie einen Tisch für sechs Personen.*
Quisiera reservar una habitación individual/doble/una suite/… con una cama suplementaria.	*Ich möchte ein Einzel-/Doppelzimmer/eine Suite / … mit einem zusätzlichen Bett reservieren.*
Les ruego me reserven el apartamento 5B para el mes de agosto.	*Ich möchte Sie bitten, mir Appartement 5B für August zu reservieren.*
Ya hemos reservado las entradas para el teatro/el partido.	*Wir haben schon Plätze für das Theater/das Spiel reserviert.*
Alquila la casa para la última semana de julio.	*Er/Sie (ver)mietet das Haus für die letzte Juliwoche.*
se alquila chalé	*Wochenendhaus zu vermieten*
se alquilan coches	*Autos zu vermieten*
el alquiler del vehículo	*die Fahrzeugmiete*
el alquiler del apartamento	*die Wohnungsmiete*

Einen Zeitpunkt angeben

Los Sres. Pancho y Villa llegarán el lunes y se irán al día siguiente por la mañana.	*Die Herren Pancho und Villa werden am Montag eintreffen und am nächsten Morgen wieder abreisen.*
Llegaremos pasado mañana por la noche.	*Wir werden übermorgen Abend ankommen.*
el jueves por la tarde	*Donnerstagnachmittag*
para el fin de semana próximo	*für das kommende Wochenende*
para finales/principios del mes que viene	*für Ende/Anfang des nächsten Monats*

Sich auf einen bestimmten Zeitraum beziehen

Llevo dos días esperando su contestación.	*Ich warte seit zwei Tagen auf Ihre Antwort.*
desde el uno de septiembre hasta el quince, ambos inclusive	*vom ersten bis einschließlich fünfzehnten September*
del viernes al domingo inclusive	*von Freitag bis einschließlich Sonntag*

Einen Bedarf zum Ausdruck bringen

Necesitaría un piso de tres habitaciones.	*Ich bräuchte eine Dreizimmerwohnung.*
Necesito que me den una contestación lo antes posible/a la mayor brevedad posible.	*Ich bitte Sie, mir so schnell wie möglich zu antworten.*

Bedingungen stellen

Las habitaciones deberán estar disponibles para el doce por la mañana.	*Die Zimmer müssen ab dem Zwölften morgens frei/verfügbar sein.*
El salón ha de estar equipado con un vídeo.	*Im Sitzungszimmer sollte/muss ein Videogerät vorhanden sein.*
Es preciso que el coche esté disponible a la llegada del tren de las ocho.	*Der Wagen muss bei der Ankunft des Achtuhrzuges bereitstehen.*
Todo tiene que estar preparado.	*Alles muss vorbereitet/fertig sein.*
Es imprescindible que alquiles un coche.	*Du musst unbedingt einen Wagen mieten.*

Eine Möglichkeit vorschlagen

Si fuera posible...	*Wenn es möglich wäre …*
En caso de que las habitaciones estuvieran disponibles...	*Falls die Zimmer frei sind …*
Quisiera saber si está libre...	*Ich wüsste gerne, ob … frei ist.*

Si todo está ocupado, comuníquemelo rápidamente.	*Bitte geben Sie mir so schnell wie möglich Bescheid, falls alles belegt ist.*
Si pudieras hacer la reserva por teléfono sería la mejor solución.	*Am besten wäre es, wenn du telefonisch reservieren könntest.*

Einen Wunsch äußern (formell)

Les ruego me confirmen.	*Ich bitte Sie, mir eine Bestätigung zu schicken/mir ... zu bestätigen.*
Les agradecería me enviaran la lista de precios.	*Ich wäre Ihnen dankbar, wenn Sie mir die Preisliste schicken könnten.*
Quisiera que me enviaran información detallada.	*Bitte schicken Sie mir ausführliche Informationen zu.*

Um rasche Antwort bitten

a la mayor brevedad posible	*so bald wie möglich*
cuanto antes	*schnellstens/baldmöglichst*
lo antes/más rápido posible	*so schnell/rasch wie möglich*
el lunes a más tardar	*spätestens Montag*

ANMERKUNGEN

➔ Das Verb **rogar** – *bitten* nimmt im Präsens die Form **ruego** an. Normalerweise heißt es **rogar que**, gefolgt vom „Subjuntivo“, im Schriftverkehr jedoch wird **que** grundsätzlich weggelassen: **Les ruego reserven...** – *Bitte reservieren Sie ...*

➔ Beachten Sie, dass **alquilar** sowohl *vermieten* als auch *mieten* bedeutet; *die Miete* heißt **el alquiler**.

➔ Sie können Wünsche und Forderungen mit Verben wie **deber**, **haber de**, **tener que** im Präsens oder im Futur äußern. Es folgt immer der Infinitiv:
Tienes que escribirles. – *Du musst ihnen schreiben.*
Habrá de llegar dentro de una semana. – *Er/Sie muss innerhalb einer Woche ankommen.*
Möglich sind auch die Wendungen **Es preciso/Es necesario/Es imprescindible que...**, gefolgt vom „Subjuntivo“: *Es muss/Es ist unbedingt notwendig, dass ...*

➔ Merken Sie sich genau, welche Verbformen auf das Verb **agradecer** – *sich bedanken* folgen: steht **agradecer** im Präsens, so schließt sich der „Subjuntivo“ Präsens an: **les agradezco me envíen**; steht **agradecer** in einer Vergangenheitsform oder im Konditional, so muss der „Subjuntivo“ Imperfekt folgen: **les agradecería me comunicaran**.

➔ Das Wort **ultimar** bedeutet *abschließen, endgültig klären*.

SIE SIND DRAN!

Estimados señores:
(1) ____________ reserven una habitación doble (2) ____________ nombre de Mario Rubio del 26 al 30 del corriente, ambos (3) ____________ . La habitación (4) ____________ *(deber)* ser exterior y (5) ____________ vista (6) ____________ mar.
(7) ____________ agradecería me (8) ____________ confirmación al n° de teléfono 123 45 67.
Les saluda atte.

(9) ____________ reservar un coche "Clase superior" en el aeropuerto de Málaga para (10) ____________ jueves 26 del (11) ____________ a la llegada del vuelo de Francfort de las 19 horas. Les agradezco me (12) ____________ *(confirmar)* la reserva al n° de teléfono siguiente. El coche (13) ____________ de (14) ____________ con aire acondicionado y ser preferentemente de color rojo.
Les ruego (15) ____________ *(enviar)* las tarifas para un (16) ____________ de cuatro días con kilometraje ilimitado.

Lösung auf Seite 160

12 BESTÄTIGUNG VON RESERVIERUNGEN

Da das Hotel Mucha Vista noch mehrere Zimmer frei hat, erhält Zagala S.A. eine Bestätigung der Reservierungen.

Mucha Vista Hotel
★★★★★

Tfno.: (85) 534 89 67
Fax: (85) 534 88 93

Paseo Marítimo, 25
36600 Cambados (Pontevedra)

2 de abril de 20...

Zagala S.A.
Polígono Industrial
"La Morriña" Bloque n° 12
27072 Lugo

A la atención de Cecilia Buendía.

Estimada señora:

(1) ____________ su atenta carta del 27 de marzo, (2) ____________ comunicarle que, (3) ____________ , hemos reservado a nombre de su empresa diez habitaciones para el 12 y 13 del mes que viene y (4) ____________ quedarán plenamente satisfechos de su estancia en nuestro establecimiento.

(5) ____________ la reserva (6) ____________ del Salón "Rías Baixas", le confirmamos que se encuentra a su disposición en las fechas indicadas por Vd.

(7) ____________ , por otra parte, tal como lo indica en su carta, un folleto con la lista de precios del hotel (8) ____________ , así como (9) ____________ del Salón sin servicios adicionales. Naturalmente, el coste total depende de éstos y, a modo indicativo, le incluyo algunos precios. No dude en consultarnos para cualquier información complementaria.

Atentamente,

Juliana García

Juliana Garcia, Secretaria

Brief 18: Lösung auf Seite 151

Vervollständigen Sie mit Hilfe der nachfolgenden Ausdrücke die positive Antwort auf die Bitte um Zimmerreservierung.

(1) *Sie bestätigen den Erhalt des Schreibens*:
Gracias a
Contesto a
En respuesta a
Respondo de

(2) *„wir freuen uns"*:
nos gusta
nos da placer
nos es grato

(3) *„gemäß Ihren Anweisungen"*:
conforme a su instrucción
estamos conformes con sus instrucciones
conforme a sus instrucciones

(4) *Sie sind sich sicher*:
estamos seguros de que
posiblemente
les aseguramos que
estamos asegurados para que

(5) *„In Bezug auf"*
Con referencia a
En cuanto a
Cuantos que

(6) *„um die Sie uns bitten"*:
que nos preguntan
que nos demandan
que nos piden

(7) *Sie weisen auf eine Anlage hin*:
Junto con
Le junto con
Le adjunto

(8) *„je nach Saison"*:
según temporada
según la estación
según la época

(9) *„die Tagesmiete"*:
la importancia de cada día
el importe diario del alquiler
el coste de poca monta del local

WENDUNGEN

Den Erhalt eines Briefes bestätigen

En respuesta a su (atenta) carta…	*Auf Ihr Schreiben …*
En respuesta a su demanda…	*Als Antwort auf Ihre Anfrage …*
Refiriéndonos a su carta…	*Wir beziehen uns/Mit Bezug/Bezug nehmend auf Ihren Brief …*
Referente a su atenta carta…	*Bezüglich Ihres Schreibens …*
Hemos recibido su carta…	*Wir haben Ihren Brief … erhalten.*

Eine positive Antwort einleiten

Tenemos el gusto de comunicarles…	*Wir freuen uns, Ihnen mitzuteilen/mitteilen zu können …*
Nos complace/Nos es grato comunicarles…	*Wir freuen uns, Ihnen mitzuteilen/mitteilen zu können …*

Sein Einverständnis zum Ausdruck bringen

conforme a sus instrucciones	*gemäß Ihren Anweisungen*
según lo convenido	*wie vereinbart*
de acuerdo con su demanda	*Ihrer Bitte gemäß*
Estamos conformes con/en esa fecha.	*Wir sind mit diesem Termin einverstanden.*

Gewissheit zum Ausdruck bringen

Estamos seguros de que quedarán plenamente satisfechos.	*Wir sind sicher, dass Sie vollauf zufrieden sein werden.*
Con el convencimiento de que...	*In der Überzeugung, dass ...*
Estamos convencidos de que...	*Wir sind davon überzeugt, dass ...*
Convencidos de que será de su plena satisfacción,...	*Wir sind sicher, dass Sie zufrieden sein werden und ...*

Zweifel zum Ausdruck bringen

No estamos seguros de poder atender su demanda.	*Wir sind nicht sicher, ob wir Ihrer Bitte nachkommen können.*
No estamos seguros de que podamos reservar...	*Wir sind nicht sicher, ob wir ... reservieren können.*
Dudamos que el Sr. Rivas esté libre en las fechas indicadas.	*Wir bezweifeln, dass Herr Rivas an den angegebenen Tagen frei ist.*

Eine negative Antwort einleiten

Sentimos manifestarle que...	*Wir bedauern, Ihnen mitteilen zu müssen, dass ...*
Lamentamos comunicarle que...	*Es tut uns Leid, Ihnen mitteilen zu müssen, dass ...*

Etwas ablehnen

No podemos atenderle.	*Wir können Ihre Reservierung nicht berücksichtigen.*
Nos es imposible satisfacerle.	*Es ist uns (leider) unmöglich, Ihren Wünschen zu entsprechen.*

Eine Ablehnung rechtfertigen

Lamentablemente todo está ocupado.	*Leider ist alles belegt/sind wir ausgebucht.*
Debido a su retraso...	*Aufgrund Ihrer späten Reservierung ...*
... porque su reserva nos ha llegado demasiado tarde.	*... weil Ihre Reservierung zu spät bei uns eingegangen ist.*
Por encontrarnos en plena temporada...	*Da wir uns mitten in der Hauptsaison befinden ...*

Al encontrarnos en obras de renovación...	*Da wir mit Renovierungsarbeiten beschäftigt sind ...*

Vorschläge machen

Le sugerimos la fecha del 12 a las nueve.	*Wir schlagen Ihnen den 12. um 9 Uhr vor.*
Le proponemos aplazar la cita.	*Wir schlagen Ihnen vor, das Treffen zu verschieben.*
La Sra. Romeral le propone que se vean por la tarde del mismo día.	*Frau Romeral schlägt Ihnen vor, dass Sie sich am Nachmittag desselben Tages treffen (könnten).*

ANMERKUNGEN

→ Verwechseln Sie nicht **gracias a** – *dank (einer Sache)* mit **gracias por** – *danke für/danke, dass.*

→ Beachten Sie, dass nach den Ausdrücken **nos es grato** und **es un placer** unmittelbar das Verb ohne **de** folgt: **Nos es grato comunicarles/Es un placer decirles...** – *Wir freuen uns, Ihnen mitzuteilen ...*

→ *Mit (einer Sache) einverstanden sein* wird übersetzt mit **estar conforme(s) en/con**.

→ Wie auch im Deutschen ist der spanische Ausdruck **conforme a** unveränderlich. Eine weitere Übersetzungsmöglichkeit für *gemäß* ist **según: según sus instrucciones**.

→ Beachten Sie, dass in der Wendung **quedarán plenamente satisfechos** das Verb **estar** durch **quedar** ersetzt wurde: auf diese Weise wird besonderer Nachdruck auf das Ergebnis der Handlung gelegt.

→ **Un local** bedeutet *ein Lokal* oder *ein Zimmer.* Während *die Miete* im Spanischen **el alquiler** ist, wird *Mieter(in)* mit **inquilino/-a** übersetzt.

→ Das Verb **dudar** – *zweifeln* kann auch zögern bedeuten. In diesem Fall folgt die Präposition **en: No dude en consultarnos.** – *Zögern Sie nicht, uns um Rat zu fragen.*

→ Merken Sie sich, dass Begründungen durch **por** (+ Infinitiv) oder durch Wendungen wie **debido a**, **a causa de** – *wegen, aufgrund von* eingeleitet werden; nach den beiden letzten Formen muss stets ein Substantiv folgen: **debido a su retraso** – *aufgrund Ihrer Verspätung.*

SIE SIND DRAN!

Estimado señor:
En (1) ___________ a su atenta carta del 20 (2) ___________ corriente, nos es (3) ___________ comunicarle que hemos (4) ___________ a (5) ___________ de su empresa las habitaciones que Vds. nos (6) ___________ *(pedir)*.
Estamos seguros (7) ___________ que (8) ___________ plenamente satisfechos de su (9) ___________ en nuestro hotel.

(10) ___________ a su atenta carta del 27 de febrero pasado y (11) ___________ a sus instrucciones, su reserva del apartamento 1125 será efectiva en cuanto nos (12) ___________ *(enviar)* la cantidad de 500 euros en concepto de adelanto.

(13) ___________ a sus instrucciones, nos (14) ___________ comunicarles que hemos reservado cinco habitaciones (15) ___________ nombre de la Sociedad Urbi & Orbi y estamos (16) ___________ de que (17) ___________ plenamente satisfechos de su (18) ___________ en nuestra residencia.

Estimado señor:
(19) ___________ comunicarle que nos vemos en la imposibilidad de (20) ___________ su demanda para las (21) ___________ que nos indica, (22) ___________ habernos llegado con un retraso considerable.

Lösung auf Seite 160

13 BESCHWERDEN

Frau Hernández hat ihr Seminar wie geplant im Hotel Mucha Vista abgehalten. Doch der schlechte Service und die Unannehmlichkeiten, die ihre Mitarbeiter und sie selbst dort zu beklagen hatten, veranlassen sie dazu, dem Direktor des Hotels einen Beschwerdebrief zu schreiben.

ZAGALA S.A.
Polígono Industrial «La Morriña»
Bloque n° 12 - 27072 LUGO
Tfno.: (982) 31 70 47 Fax: (982) 33 40 75

20 de mayo de 20...

Hotel Mucha Vista
Paseo Marítimo, 25
36600 Cambados
(PONTEVEDRA)

A la atención del Director.

Estimado señor:

(1) ___________ todos los inconvenientes sufridos en el hotel que Vd. dirige a lo largo de nuestro seminario de ventas realizado durante los días 12 y 13 del presente mes, (2) ___________ manifestarle (3) ___________ las circunstancias en que éste se ha desarrollado.

(4) ___________ un establecimiento de esa categoría (5) ___________ que conjuntamente establecimos (6) ___________ pasado. (7) ___________ en que todos los participantes dispondrían de una habitación individual. Algunos (8) ___________ de que fueron instalados en habitaciones dobles y otros (entre ellos, nuestro Director de Ventas, el Sr. Lazarrón) del insuficiente servicio durante los descansos.

Todo esto me parece francamente lamentable, espero que no vuelvan a repetirse errores semejantes.

Atentamente le saluda

Susana Hernández.

Susana Hernández
Directora General

Brief 19: Lösung auf Seite 152

Wählen Sie aus den nachfolgenden Elementen das richtige aus, um den Beschwerdebrief zu vervollständigen.

(1) *Sie drücken Ihre Verwunderung aus*:
Desconcertada por
Disgustada por
Asombrada por

(2) *Sie sehen sich leider gezwungen ...*:
me veo obligada
me veo obligada a
me veo en la obligación de

(3) *Sie sind absolut nicht einverstanden*:
mi falta de acuerdo total
que no me acuerdo para nada de
mi más total disconformidad con

(4) *Sie protestieren entschieden*:
Tengo derecho a que
Se queja de que
No hay derecho a que
Denuncio

(5) *Die vereinbarten Bedingungen werden nicht erfüllt*:
hayan faltado las condiciones
haya descuidado las condiciones
no haya cumplido las condiciones

(6) *„Anfang letzten Monats“*:
a principios del mes pasado
al comienzo del mes pasado
al principio del mes pasado

(7) *Sie erinnern an eine getroffene Vereinbarung*:
Nos habíamos fijado
Habíamos quedado
Nos habíamos quedado

(8) *Es hat weitere Beschwerden gegeben*:
han denunciado
se han compadecido
se han quejado

WENDUNGEN

Seine Verwunderung zum Ausdruck bringen

(Estoy) Asombrado/-a por las anomalías...	*(Ich bin) Erstaunt über die Unregelmäßigkeiten ...*
Me sorprende que.../Me extraña que...	*Ich wundere mich/bin erstaunt, dass ...*
Me he quedado sorprendido/-a de que...	*Ich war erstaunt, dass ...*

Sich gezwungen fühlen

Me encuentro obligado/-a...	*Ich sehe mich gezwungen ...*
He de manifestarle...	*Ich muss Ihnen sagen/Sie darüber unterrichten ...*
Tengo que comunicarle...	*Ich muss Ihnen mitteilen ...*
Es preciso que sepa...	*Sie müssen wissen ...*

Seine Unzufriedenheit zum Ausdruck bringen

mi disconformidad/mi desacuerdo con su actitud	*meine Missbilligung Ihrer Haltung gegenüber*
con disgusto...	*mit Verärgerung/verärgert ...*
Estoy muy disgustado/-a por...	*Ich bin sehr verärgert über ...*
Hemos quedado insatisfechos de/por...	*Wir waren unzufrieden mit/aufgrund ...*
Estamos muy descontentos de...	*Wir sind sehr unzufrieden mit ...*
Es evidente/obvio que...	*Es ist offensichtlich, dass ...*

Sich mit Nachdruck beschweren

No hay derecho a que...	*Es ist unerhört, dass ...*
Es intolerable que...	*Es ist unerträglich, dass ...*
No se puede tolerar...	*Es ist unerträglich/inakzeptabel ...*
No estamos dispuestos a...	*Wir sind nicht bereit zu ...*

Einen Mangel anzeigen

No han cumplido (con) las condiciones.	*Sie haben die Bedingungen nicht erfüllt.*
Su local no cumple los requisitos mínimos de seguridad.	*In Ihrem Hause werden nicht einmal die grundlegendsten Sicherheitsvorschriften beachtet.*
Han obrado con mucha informalidad.	*Sie haben sich als sehr unseriös erwiesen.*
No han tenido cuidado con...	*Sie haben sich nicht um ... gekümmert.*

Eine Beschwerde formulieren

Varias personas se han quejado (de que...).	*Mehrere Personen haben sich beschwert (über/, dass ...).*
Pensamos denunciar/presentar una denuncia por...	*Wir erwägen, Anzeige wegen ... zu erstatten.*
Se lamenta de las malas condiciones de trabajo.	*Er/Sie beschwert sich über die schlechten Arbeitsbedingungen.*
Me ha expresado sus quejas por...	*Er/Sie hat sich bei mir wegen/über ... beschwert.*
Tengo que presentar una queja por...	*Ich muss mich wegen/über ... beschweren.*
Hay que reprocharle que...	*Ich muss Ihnen vorwerfen/Ihnen ist vorzuwerfen, dass ...*
No puedo por menos que protestar ante...	*Ich sehe mich gezwungen, mich angesichts ... zu beschweren.*
Lamento comunicarle que he formulado una denuncia en el Juzgado de...	*Ich bedaure, Ihnen mitteilen zu müssen, dass ich beim Amtsgericht ... Anzeige erstattet habe.*

Eine Beschwerde erhalten und beantworten

Lamentamos mucho lo sucedido.	*Wir bedauern sehr, was geschehen ist.*
No alcanzamos a comprender cómo ha podido ocurrir…	*Wir verstehen nicht ganz, wie … geschehen konnte.*
No sabe lo que lo sentimos.	*Sie ahnen nicht, wie sehr es uns Leid tut.*
Aunque lo sentimos mucho...	*Obwohl dieses Vorkommnis uns sehr Leid tut, ...*
No ha sido culpa nuestra.	*Es war nicht unsere Schuld.*
Pueden estar seguros de que, en lo sucesivo, no volverá a ocurrir.	*Sie können sicher sein, dass es in Zukunft nicht wieder vorkommen wird.*
Puedo asegurarle que…	*Ich kann Ihnen versichern, dass …*
Nos extraña muchísimo...	*Wir wundern uns sehr über ...*
No entiendo que…	*Ich verstehe nicht, dass …*
Creo que se equivoca cuando…	*Ich glaube, Sie irren, wenn ...*

ANMERKUNGEN

➔ Mit der Präposition **por** wird die Begründung des Erstaunens eingeleitet: **asombrado/-a por.**

➔ Beachten Sie die Wendung **mi más total disconformidad** – *meine absolute Missbilligung.*

➔ Merken Sie sich, dass nach der Unmutsäußerung **no hay derecho** die Präposition **a** stehen muss: **No hay derecho a que… no haya cumplido…** – *Es ist unerhört, dass … nicht erfüllt hat.*

➔ Verwechseln Sie nicht die zeitlichen Wendungen **a principios**, **a mediados**, **a finales de mes** – *zu Beginn, Mitte, Ende des Monats* mit den Ortsangaben **al principio**, **en medio**, **al final de la calle** – *am Anfang, in der Mitte, am Ende der Straße.*

➔ Vergessen Sie nicht die Präposition **de** in dem Ausdruck **se han quejado de que…** – *sie haben sich beschwert, dass …*

➔ Beachten Sie die Reihenfolge der Wörter in der Übersetzung des Ausdrucks *mehrere andere*: **otros varios**.

➔ Die Wendung **de ahora en adelante** ist gleichbedeutend mit **en lo sucesivo**, **en adelante**.

➔ Die Wiederholung einer Handlung wird gewöhnlich mit **volver a**, gefolgt von einem Verb im Infinitiv (**suceder, enviar** etc.), ausgedrückt; als Verstärkung können **otra vez, de nuevo** etc. verwendet werden:
Si vuelve a repetirse otra vez... – *Wenn das noch einmal vorkommt …*

SIE SIND DRAN!

El motivo de la presente es para (1) ___________ mi asombro (2) ___________ el mal servicio de su restaurante. Me (3) ___________ que un establecimiento de tanta fama (4) ___________ *(permitirse)* tales cosas. Los Sres. Lápice y Puente que me acompañaban también se (5) ___________ por su parte de la mala calidad del servicio.

(6) ___________ dirigirme a Vd. como director de la Cía. de Viajes Volamar para expresarle mi (7) ___________ por las irregularidades producidas en un viaje de fin de semana realizado a Santander a (8) ___________ del mes (9) ___________ , el 17 y 18 para ser preciso. (10) ___________ de decirle que ninguna de las condiciones del contrato han sido (11) ___________ : retrasos, pérdidas y, por último, no (12) ___________ *(poder)* alojarme en el hotel que estaba previsto. ¡No hay (13) ___________ a que esto (14) ___________ a producirse de ahora en (15) ___________ !

Sr. Comisario de Almansa.
Luis Escamilla, domiciliado en Almansa, Avda. de Madrid s/n (16) ___________ el ruido incesante de la discoteca ZAS, situada al (17) ___________ de la avenida del mismo nombre, que dura hasta las 6 de la madrugada.

Lösung auf Seite 160

14 AUFTRÄGE, BESTELLUNGEN

Zagala S.A hat in der Angebotsausschreibung der Fluggesellschaft Aerolíneas Al-Andalus noch vor den katalanischen, den Madrider und sogar den andalusischen Konkurrenten den Zuschlag erhalten! Ohne zu zögern, unterzeichnet Pedro Martinete den ersten Auftrag.

AL-ANDALUS
C/ Corte de los Milagros s/n
41001 Sevilla

Zagala S.A.
Polígono Industrial
"La Morriña" Bloque n° 12
27072 Lugo

21 de mayo de 20...

Estimados señores:

(1) __________ de su Director de Ventas, (2) __________ remitirnos los artículos de la nota de pedido incluida más abajo.

(3) __________ de entrega, (4) __________ lo siguiente: (5) __________ se realizará en el plazo más breve posible y (6) __________ se produzca, (7) __________ , a quince días de recibido este pedido (8) __________ en pleno período de lanzamiento comercial. En caso contrario, nos veremos en la obligación de (9) __________ .

PEDIDO CITADO			
Modelo	Ref.	Cantidad	Precio
Oletumare	BO/BO	50	93,01 €
Vivaerbeti	AP/P	24	97,56 €
Andallá	TA/T	15	89,53 €

(10) __________ del mismo, les saluda atte.

Pedro Martinete
Director General

Brief 20: Lösung auf Seite 152

Vervollständigen Sie die Bestellung mit Hilfe der nachstehenden Wendungen.

(1) *Sie beziehen sich auf ein erhaltenes Angebot*:
Siguiendo la oferta
En relación a la oferta
Después de la oferta

(2) *Sie fragen höflich an*:
les ruego se sirvan
les ruego me sirvan
les pido me presten el servicio de

(3) *Sie erinnern an die vereinbarten Bedingungen*:
Respeto por las condiciones
Respecto a las condiciones
Respeten las condiciones

(4) *Sie stellen etwas klar*:
hemos de apuntar
hemos de puntualizar
precisamos

(5) *„die Lieferung der Ware"*:
el suministro de las mercancías
la distribución de las mercancías
el presupuesto de las mercancías

(6) *Sie nennen eine Bedingung*:
siempre que
condicionado a que
en caso de que

(7) *Sie setzen eine Frist fest*:
lo más tarde posible
a más tardar
lo menos tarde posible

(8) *Sie begründen die Frist*:
por encontrarnos
porque estamos situados
debido a nuestra situación

(9) *Andernfalls würden Sie „den Auftrag als storniert betrachten"*:
considerarlo nulo
darlo por cancelado
cerrarlo por consideración

(10) *Sie bitten um Empfangsbestätigung*:
Rogándoles acusen recibo
Pidiéndoles un recibo
Rogándoles buena recepción

WENDUNGEN

Eine Bestellung aufgeben

Les ruego se sirvan...	*Ich möchte Sie bitten zu .../Bitte seien Sie so freundlich und ...*
Sírvanse enviarme...	*Bitte schicken Sie mir ...*
Tengan la bondad de remitirme muestras.	*Seien Sie bitte so freundlich, mir Muster zuzuschicken.*
Nos complace cursarles pedido de...	*Wir freuen uns, eine Bestellung über ... bei Ihnen aufzugeben.*
Les ruego me provean con/de...	*Ich bitte Sie, mir ... zu liefern.*
Como aceptación de su oferta...	*Wir nehmen Ihr Angebot an und ...*

Sich auf einen oder mehrere Punkte beziehen

la nota incluida más abajo	*die unten angefügte Notiz*
las condiciones arriba indicadas	*die oben genannten Bedingungen*
dicha oferta	*das genannte Angebot*
los artículos siguientes	*folgende Artikel*
en cuanto a	*in Bezug auf/was … betrifft*
(con) respecto a las condiciones	*in Bezug auf die Bedingungen*
referente a la entrega	*mit Bezug auf die/bezüglich der Lieferung*

ANMERKUNGEN

➔ Merken Sie sich die Höflichkeitswendungen **sírvanse** und **le(s) ruego se sirva(n)**; das Verb **servirse** bedeutet hier *so freundlich sein zu*, jedoch genügt auch die knappere Übersetzung mit *bitte …*

➔ Beachten Sie, dass das Verb **haber de** eine Verpflichtung ausdrückt:
Hemos de puntualizar… – *Wir müssen klarstellen …*

➔ Vorsicht mit Verwechslungen! **Apuntar** bedeutet *andeuten, hinweisen auf.* Das Verb **precisar** kann ebenfalls *präzisieren, klarstellen, hinweisen auf* bedeuten; **es preciso que** dagegen heißt im Deutschen *es muss/es ist notwendig, dass …*

➔ Beachten Sie, dass **suministro** hier für *Lieferung* steht.

➔ *Die Ware(n)* kann mit **el género**, **la(s) mercancía(s)** oder **los artículos** übersetzt werden.

➔ Der Ausdruck **dar por cancelado/-a** bedeutet *als storniert/annulliert betrachten.*

SIE SIND DRAN!

Estimado señor:
En (1) ____________ a su oferta del 12 del corriente, (2) ____________ enviarme los artículos (3) ____________ más (4) ____________ que nos (5) ____________ de ser remitidos a nuestra dirección de Cuenca.
(6) ____________ a las condiciones de (7) ____________ , es (8) ____________ que nos los envíen antes del 20 del presente mes.

Estimados señores:
(9) ___________ remitirme en el plazo (10) ___________ breve los (11) ___________ incluidos más (12) ___________ en nota.

Habiendo recibido su carta con nota de precios y condiciones de venta, nos complace (13) ___________ el siguiente pedido. El envío de las mercancías (14) ___________ hacerse en nuestros almacenes a la (15) ___________ brevedad en las condiciones habituales.

Lösung auf Seite 160

15 LIEFERBEDINGUNGEN

Frau Hernández beantwortet einen Brief, in dem ein Kunde sie gebeten hat, ihr die genauen Lieferbedingungen für eine besonders umfangreiche Warensendung nach Buenos Aires mitzuteilen.

ZAGALA S.A.
Polígono Industrial «La Morriña»
Bloque n° 12 - 27072 LUGO
Tfno.: (982) 31 70 47 Fax: (982) 33 40 75

s/ref.DE/CM250 n/ref. SH/PC 275

23 de mayo de 20…

CIVILOTTI Hnos.
Manuela Pedraza 2156
1429 Buenos Aires
ARGENTINA

Estimados señores:

(1) ___________ su escrito del 5 del corriente donde nos piden las condiciones de entrega, nos complace comunicarles que, para los volúmenes indicados por Vds., los precios que (2) ___________ se entienden "Salida de Fábrica" (EXW). (3) ___________ , las mercancías (4) ___________ en las condiciones siguientes: (5) ___________ a la mensajería que designen. (6) ___________ a ATLANTIS por la fiabilidad y rapidez de sus envíos.

Para volúmenes más importantes, los precios especificados en anexo se entienden "Franco Transportista" (FRC) aeropuerto de Madrid-Barajas, (7) ___________ el transporte hasta el punto de entrega así como (8) ___________ .

Para cualquier información complementaria, no duden en consultarnos. Esperando que estas condiciones les convengan, reciban un atento saludo.

Susana Hernández
Directora General

Brief 21: Lösung auf Seite 152

Antworten Sie auf die Anfrage des Kunden, indem Sie aus den nachfolgenden Wendungen die jeweils richtigen auswählen und in den Lückenbrief einsetzen.

(1) *Sie beziehen sich auf ein eingegangenes Schreiben*:
Según las referencias de
Las referencias que tenemos de
Refiriéndonos a

(2) *Sie gehen auf Ihre üblichen Bedingungen ein*:
acabamos de aplicar
solemos aplicar
venimos a aplicar
desacostumbramos aplicar

(3) *„Deshalb"*:
Como consecuencia
Sin embargo
Por lo tanto

(4) *Sie kündigen die Lieferung der Ware an*:
les serán despachadas
se las arreglarán
se las arreglaremos

(5) *Sie nennen die Lieferbedingungen*:
embalaje incluido y porte a su cargo
encargado el embalaje y sin portes
cargado el embalaje y transportado

(6) *Sie raten dem Kunden, sich an einen Dritten zu wenden*:
Les aconsejamos llamen
Les aconsejamos apelen
Les aconsejamos recurran

(7) *„geht zu unseren Lasten"*:
haciéndonos cargo
corriendo a nuestro cargo
encargándonos

(8) *„die Zollformalitäten"*:
los formalismos de aduana
los aranceles
los trámites de aduana

WENDUNGEN

Lieferbedingungen nennen

Hay que contar con un plazo de entrega de quince días.	*Es muss mit einer vierzehntägigen Lieferfrist gerechnet werden.*
Sírvase recoger el pedido en el punto de destino convenido de antemano.	*Bitte nehmen Sie die bestellte Ware an dem (im Voraus) vereinbarten Bestimmungsort entgegen.*
Las mercancías les serán entregadas contra reembolso.	*Die Ware wird Ihnen gegen Nachnahme geliefert.*
Para la entrega de las mercancías se necesita un conocimiento nominativo.	*Für die Auslieferung der Ware ist ein Namenskonnossement erforderlich.*
La orden de pago se dará por nuestro banco contra entrega de documentos.	*Die Zahlungsanweisung wird von unserer Bank gegen Übergabe der Dokumente erteilt.*

Die Kosten auf Absender und Käufer verteilen

Estos precios se entienden...	*Diese Preise verstehen sich ...*
en fábrica/salida de fábrica.	*ab Werk.*
en factoría/en almacén.	*ab Lager.*
El vendedor se responsabiliza únicamente de poner la mercancía a disposición del cliente en su propio establecimiento.	*Der Verkäufer übernimmt lediglich die Verantwortung dafür, dass die Ware dem Kunden auf seinem eigenen Gelände zur Verfügung gestellt wird.*
franco transportista (punto convenido)	*frei Frachtführer (benannter Ort) (FRC)*
franco vagón (punto de partida convenido)	*frei Waggon (benannter Abgangssort) (FOR/FOT)*
El vendedor asume los riesgos y gastos hasta que la mercancía haya sido cargada en el vagón.	*Der Verkäufer übernimmt Kosten und Risiken bis zu dem Moment, wo die Ware in den Waggon verladen wird.*
franco a bordo (puerto de embarque convenido)	*frei an Bord (benannter Verschiffungshafen) (FOB)*
El vendedor sitúa la mercancía a bordo del buque y realiza los trámites aduaneros.	*Der Verkäufer verlädt die Ware auf das Schiff und erledigt die Zollformalitäten.*
FOB Aeropuerto (aeropuerto convenido)	*frei an Bord Flughafen (benannter Abgangsflughafen)*
Coste y flete (puerto de destino convenido)	*Kosten und Fracht (benannter Bestimmungshafen) (C&F)*
El vendedor asume todos los gastos de transporte menos el seguro que corre a cargo del comprador.	*Der Verkäufer übernimmt alle Transportkosten außer den Versicherungskosten, die zu Lasten des Käufers gehen.*
Coste, seguro y flete (puerto de destino convenido)	*Kosten, Versicherung und Fracht (benannter Bestimmungshafen) (CIF)*
Flete/porte y seguro pagado hasta el punto de destino convenido	*Frachtfrei versichert bis zum benannten Bestimmungsort (CIP)*
Entregado libre de derechos (lugar de destino convenido en el país de importación)	*Geliefert verzollt (benannter Bestimmungsort im Importland) (DDP)*

Einen Versand anzeigen

Conforme a sus instrucciones, hemos enviado las mercancías.	*Entsprechend/Gemäß Ihren Anweisungen haben wir die Ware versandt.*
Nos complace informarles que acabamos de ejecutar su pedido.	*Wir freuen uns, Ihnen mitteilen zu können, dass wir Ihre Bestellung soeben ausgeführt haben.*
Por la presente les comunicamos que su pedido está listo para ser despachado.	*Hiermit teilen wir Ihnen mit, dass die von Ihnen bestellte Ware versandbereit ist.*

Hemos de comunicarle que la fecha de nuestra próxima entrega será el...

Wir müssen Ihnen mitteilen, dass unser nächster Liefertermin der ... ist.

ANMERKUNGEN

➔ Beachten Sie die Konstruktion **los precios que solemos practicar**, die im Deutschen am besten mit *unsere üblichen Preise* übersetzt wird. Merken Sie sich außerdem, dass nach dem Verb **soler** immer der Infinitiv steht. Ein Synonym von **soler** ist das Verb **acostumbrar**, das ebenfalls mit dem Infinitiv steht. **Los precios que venimos a practicar** kann mit *unsere Preise* übersetzt werden.

➔ Achtung! **Por (lo) tanto** heißt im Deutschen *folglich*, **como consecuencia de** bedeutet *infolge*.

➔ Denken Sie daran, dass nach den Verben des Befehlens, Ratens etc. der „Subjuntivo" steht und dass hierbei im Schriftverkehr **que** wegfällt:
Les aconsejamos recurran.

➔ Beachten Sie die kausale Bedeutung von **por** in der Wendung **por la fiabilidad** – *aufgrund der Zuverlässigkeit.*

➔ Die deutsche Wendung *zu jds Lasten gehen* lautet im Spanischen **correr a cargo de alguien** oder **correr de cuenta de alguien**. Bitte nicht verwechseln mit den spanischen Wendungen **hacerse cargo de** oder **encargarse de** – *sich um etwas kümmern, etwas übernehmen.*

➔ Achten Sie auf den Unterschied zwischen **los trámites** – *die Formalitäten* und **los aranceles** – *die (Zoll-)Tarife.*

SIE SIND DRAN!

Señores:
Refiriéndonos a su carta del 2 del corriente donde nos piden condiciones de (1) ____________, les (2) ____________ que los precios que (3) ____________ practicar se entienden "(4) ____________ de Fábrica", es decir, con embalaje (5) ____________, pero corriendo a su (6) ____________ los (7) ____________ a partir de nuestros almacenes. Esperando que estas condiciones les (8) ____________, (9) ____________ saluda atte.

Estimado señor:
En respuesta a su atenta carta, (10) ___________ de comunicarle que nuestros (11) ___________ de entrega (12) ___________ *(ser)* como máximo de 15 días a partir de la recepción de su (13) ___________ y las (14) ___________ les serán entregadas a domicilio (15) ___________ reembolso.

Estimados señores:
El envío se hará en las condiciones (16) ___________ por Vds., es decir CIF (Coste, (17) ___________ y flete). Por lo (18) ___________ , nosotros, asumimos todos los (19) ___________ de transporte hasta Lisboa y contratamos el (20) ___________ hasta el punto de (21) ___________ .

Lösung auf Seite 161

16 AUFTRAGSBESTÄTIGUNG

Frau Hernández' Sekretärin bestätigt den Auftrag, den Zagala S.A. von Aerolíneas Al-Andalus erhalten hat.

ZAGALA S.A.
Polígono Industrial «La Morriña»
Bloque n° 12 - 27072 LUGO
Tfno.: (982) 31 70 47 Fax: (982) 33 40 75

s/ref. PM/AA 15 n/ref. CB 888

24 de mayo de 20...

AEROLÍNEAS AL-ANDALUS
Corte de los Milagros s/n
41001 SEVILLA

Asunto: Envío mercancía

Estimados señores:

(1) ____________ su orden de pedido n° 0001, (2) ____________ comunicarles que se les remitirán los artículos siguientes:

Modelo	Ref.	Cantidad	Precio
Oletumare	BO/BO	50	93,01 €
Vivaerbeti	AP/P	24	97,56 €
Andallá	TA/T	15	89,53 €

El envío (3) ____________ conforme a las condiciones mencionadas por Vds. en dicha orden y (4) ____________ será lo más breve posible, ya que a partir de la recepción de su pedido, hemos procedido (5) ____________ . Les incluimos igualmente confirmación adjunta.

(6) ____________ los artículos de referencia TA/T, lamentamos informarles que (7) ____________, en este momento, por causas (8) ____________ . Su entrega (9) ____________ algunos días.

Sin otro particular, se despide atte.

Cecilia Buendía

Cecilia Buendía
Secretaria

Brief 22: Lösung auf Seite 153

Ergänzen Sie nun die Auftragsbestätigung mit Hilfe der nachfolgenden Vorgaben.

(1) *Sie beziehen sich auf den Bestellschein*:
En conformidad con
Estando conformes con
Relacionado con su demanda

(2) *„wir freuen uns …“*:
nos complace
nos gusta
nos complacemos

(3) *Sie kündigen die Lieferung an*:
se efectuará
será en efectivo
surtirá el efecto

(4) *Sie erwähnen die Lieferfrist*:
la entrega a plazos
el plazo de entrega
el término de entrega

(5) *Sie beziehen sich auf die Ausführung der Lieferung*:
a hacerlo ejecutivo
a cumplimentarlo
a cumplirlo

(6) *„Bezüglich“*:
La referencia de
Relacionado con
En cuanto a

(7) *Sie weisen darauf hin, dass einige Artikel nicht verfügbar sind*:
no están a su disposición
no están disponibles
están indispuestos

(8) *„die nicht in unserer Macht liegen“*:
lejos de nuestra voluntad
ajenas a nuestra voluntad
fuera de nuestra voluntad

(9) *Sie kündigen einen Lieferverzug an*:
se retrasará
se hará sin demora
será adelantada

WENDUNGEN

Sich auf einen Bestellschein beziehen

en conformidad con/conforme a	*gemäß*
en respuesta/contestación a	*in Beantwortung/als Antwort auf*
Hemos recibido su…	*Wir haben Ihr(e, n) … erhalten.*
Obra en nuestro poder su… *(wenig gebräuchlich)*	*Wir haben Ihr(e, n) … erhalten./ Ihr(e) … ist bei uns eingegangen.*

Den Versand der Ware anzeigen

Nos complacemos en transmitir…	*Wir freuen uns, Ihnen … zu übermitteln/zu übersenden.*
Nos complace remitirles…	*Wir freuen uns, Ihnen … zu senden.*
Nos es grato comunicarles…	*Wir freuen uns, Ihnen mitzuteilen …*

Eine Lieferung ankündigen

La entrega se efectuará/se realizará/será efectuada...	*Die Lieferung wird ... ausgeführt/ durchgeführt/erfolgen.*
Llevaremos a efecto la entrega.	*Wir werden die Lieferung durchführen.*
La entrega tendrá efecto...	*Die Lieferung wird ... erfolgen.*

Lieferfristen bestätigen

Confirmamos...	*Wir bestätigen(,) ...*
que cumpliremos con los plazos de entrega previstos.	*dass wir die vorgesehenen Lieferfristen einhalten werden.*
que el plazo de entrega es de una semana a partir de...	*dass die Lieferfrist eine Woche ab dem ... beträgt.*
la entrega para finales de mes/de la semana próxima.	*die Lieferung für Ende des Monats/der nächsten Woche.*

Einen Mangel, eine Lieferverzögerung mitteilen

Lamentamos informarles no disponer en existencias...	*Wir müssen Ihnen leider mitteilen, dass wir ... nicht mehr vorrätig/auf Lager haben.*
Debido a una huelga de transportes, lamentamos...	*Wir bedauern, aufgrund eines Streiks der Verkehrsmittel ...*
Lamentamos comunicarles una demora en la entrega.	*Leider müssen wir Sie von einer Lieferverzögerung unterrichten.*
Lamentamos tener que aplazar la entrega de los artículos.	*Bedauerlicherweise müssen wir die Lieferung der Artikel verschieben/wird sich die Auslieferung der Artikel verzögern.*
No podremos remitirle su pedido antes de fin de mes.	*Wir können Ihre Bestellung/Ihren Auftrag nicht vor Ende des Monats ausführen.*
No dejaremos de informarle si podemos o no efectuar la entrega en la fecha prevista.	*Wir werden es nicht versäumen, Ihnen mitzuteilen,/Wir werden Ihnen auf jeden Fall mitteilen, ob wir die Lieferung zum vorgesehenen Termin duchführen können.*

Ein Ersatzprodukt anbieten

Podemos ofrecerle, sin embargo, la referencia ZO/T de nuestro catálogo, que tenemos en existencias.	*Wir können Ihnen jedoch den Artikel ZO/T unseres Katalogs anbieten, den wir vorrätig haben.*
En cambio, podemos hacerle una oferta a 0,30 € menos para el artículo n° 20, semejante al primero, actualmente no disponible.	*Dafür können wir Ihnen einen Preisnachlass/Rabatt von 0,30 € auf Artikel Nr. 20 gewähren, der vergleichbar ist mit dem momentan nicht vorrätigen Artikel.*
Le enviamos una lista de precios	*Wir schicken Ihnen eine Preisliste anderer*

correspondientes a otros productos que estamos en condiciones de ofrecerle.	*Produkte, die wir Ihnen anbieten können/aus unserem Angebot.*
Desde luego, dicha oferta corresponde a una entrega inmediata.	*Selbstverständlich beinhaltet das genannte Angebot eine sofortige Lieferung.*

ANMERKUNGEN

➔ Beachten Sie, dass nach dem Ausdruck **nos complacemos** die Präposition **en** steht: **Nos complacemos en transmitirles...** – *Wir freuen uns, Ihnen ... zu übersenden.* Dagegen folgt nach **nos complace** unmittelbar ein Verb im Infinitiv: **Nos complace anunciarles...** – *Wir freuen uns, Ihnen ... mitzuteilen.*

➔ Die Wendung **llevar a efecto** – *durchführen* hat nichts zu tun mit der Wendung **en efectivo**, die in Ausdrücken wie **pago en efectivo** – *Barzahlung* vorkommt.

➔ Merken Sie sich den Unterschied zwischen **ser** und **estar**. **Ser** bedeutet hier *stattfinden*, **estar** *sich befinden.*

➔ Verwechseln Sie nicht **el plazo** – *die Frist* mit **a plazo** – *auf Zeit* oder **a plazos** – *auf Raten.*

➔ Achten Sie auf den Unterschied zwischen dem juristischen Begriff **cumplimentar** – *ausführen* und der Wendung **cumplir con** – *(einen Vertrag oder ein Versprechen) erfüllen.* Unterscheiden Sie ebenfalls zwischen **cumpliremos con los plazos** – *wir werden die Fristen einhalten* und **el plazo cumple esta semana** – *die Frist läuft diese Woche ab.*

➔ Verwechseln Sie nicht **ajeno** – *einer Sache fremd, nicht entsprechend,* **extranjero** – *fremd in einem Land* und **extraño** – *seltsam, sonderbar.*

SIE SIND DRAN!

En (1) ____________ con su (2) ____________ de pedido n° 69005, nos complacemos (3) ____________ comunicarles que les serán remitidos los (4) ____________ siguientes: 15 ref. AA.
El (5) ____________ se realizará (6) ____________ a las instrucciones mencionadas por Vds. y el (7) ____________ de entrega será de una semana a partir de la recepción de su (8) ____________ .

En (9) ____________ a los artículos de ref. G/TA, (10) ____________ informarles que, de momento, no (11) ____________ disponibles (12) ____________ causas ajenas a nuestra voluntad.

(13) ____________ a su orden de (14) ____________ n° 789, nos (15) ____________ remitirles los (16) ____________ de ref. G/TA
Les (17) ____________ por la presente que la (18) ____________ se efectuará en conformidad a sus indicaciones y que el (19) ____________ será de quince días a partir de la recepción de su pedido.

(20) ____________ informarles por la presente no disponer momentáneamente en (21) ____________ de los artículos que nos piden, pero podemos (22) ____________ la referencia Q/TRE de nuestro catálogo, de características similares a las de su pedido.

Lamentamos informarles (23) ____________ la presente que los (24) ____________ de entrega sufrirán una (25) ____________ de una semana respecto a las fechas anunciadas.

Lösung auf Seite 161

17 REKLAMATIONEN

Zagala S.A. hat den Auftrag von Aerolíneas Al-Andalus ausgeführt. Kurz darauf erhält die Verkaufsabteilung der Firma einen Beschwerdebrief von Herrn Martinete, in dem dieser beanstandet, dass die erhaltene Ware nicht der Bestellung entspricht.

AL-ANDALUS
C/ Corte de los Milagros s/n
41001 Sevilla

Zagala S.A.
Departamento de Ventas
Polígono Industrial
"La Morriña" Bloque n° 12
27072 Lugo

6 de junio de 20...

s/ref. RH/CA888 n/ref. PM/LM 20

Estimados señores:

Conforme a las indicaciones de nuestra nota de pedido, (1) ___________ su envío el pasado día 30, (2) ___________ . Sin embargo, lamentamos comunicarles que nos han enviado 50 artículos "Primavera" (ref. BO/I) que no corresponde a la ref. BO/BO pedida por nosotros, (3) ___________ han incluido 24 artículos P/PA que no hemos solicitado de ningún modo. Sin duda, (4) ___________ con los 24 "Herminia" (ref. A/PP), los cuales nos han llegado normalmente.

Por consiguiente, (5) ___________ las siguientes mercancías:

- 50 artículos de ref. BO/I por no ser de conformidad
- 24 artículos de ref. P/PA no incluidos en nuestro pedido.

Unos y otros quedan a su disposición en espera de sus noticias.

En cuanto a los 32 de ref. BO/BO, sírvanse hacer todo lo necesario para que (6) ___________ , tal como habíamos convenido o, (7) ___________ , considérenlos anulados.

Atentamente,

Pedro Martinete
Director General

Brief 23: Lösung auf Seite 153

Wählen Sie aus den nachfolgenden Wendungen die jeweils richtige aus und vervollständigen Sie den Beschwerdebrief.

(1) *Sie bestätigen den Eingang*:
habíamos recibido
recibimos
hemos recibido

(2) *„in der vorgesehenen Frist"*:
dentro del plazo previsto
en los plazos
en los términos convenidos

(3) *„sondern außerdem"*:
sino que además
sino que otra vez
sino además

(4) *Sie weisen auf einen Irrtum hin*:
están equivocados en
está confusa
se trata de una confusión

(5) *Sie sehen sich gezwungen, die Annahme zu verweigern*:
nos vemos obligados a rechazar
no vemos la obligación de rechazar
nos presionan para rechazar

(6) *Sie bitten um möglichst rasche Lieferung*:
nos sean remitidos los envíos antes
nos remitan los anteriores
nos sean remitidos cuanto antes

(7) *„andernfalls"*:
en su defecto
defectuosos
por faltar

WENDUNGEN

Einen Lieferverzug mitteilen

Lamentamos manifestarles que las mercancías han llegado con un enorme retraso/fuera del plazo previsto.	*Leider müssen wir Ihnen mitteilen, dass die Ware mit außerordentlicher Verspätung/nach der vereinbarten Frist eingetroffen ist.*
Tenemos que comunicarles que nuestro pedido de fecha... sigue sin llegar.	*Wir müssen Ihnen mitteilen, dass die Ware, die wir am ... bestellt haben, immer noch nicht eingetroffen ist.*

Mängel rügen

Los artículos no corresponden con nuestras indicaciones.	*Die Artikel entsprechen nicht unseren Angaben.*
En lugar de 12 cajas nos han remitido 7.	*Statt 12 Kisten haben Sie uns nur 7 geschickt.*
Nos han mandado 7 piezas de referencia ZO/T en lugar de la referencia LO/T.	*Sie haben uns 7 Teile mit Bezugszeichen ZO/T statt mit Bezugszeichen LO/T geliefert.*
Su envío dista mucho de corresponder a las indicaciones del pedido.	*Ihre Sendung entspricht bei weitem nicht den Angaben auf unserem Bestellschein/unserer Bestellung.*

Eine Annahmeverweigerung begründen

Se los devolvemos por no ser de conformidad.	*Wir schicken sie Ihnen zurück, da es nicht die richtigen sind.*
Debido al mal estado de las mercancías no podemos quedarnos con ellas.	*Aufgrund ihres schlechten/mangelhaften Zustands können wir die Ware nicht behalten.*
Por no cumplir el plazo de entrega...	*Da die Lieferfrist nicht eingehalten wurde ...*

An eine Vereinbarung erinnern

tal como habíamos convenido/quedado	*wie wir vereinbart hatten*
Habíamos acordado que la entrega sería inmediata.	*Wir hatten vereinbart, dass die Lieferung unmittelbar erfolgen würde.*
según los términos de nuestro acuerdo	*gemäß unserer Vereinbarung*
Les recordamos que habíamos quedado en que los gastos de transporte corrían de su cuenta.	*Wir erinnern (Sie) an unsere Vereinbarung, nach der die Transportkosten zu Ihren Lasten gehen sollten.*

Forderungen/Bedingungen stellen

En su defecto, den el pedido por cancelado.	*Betrachten Sie andernfalls die Bestellung/den Auftrag als storniert.*
Podremos quedarnos con las mercancías en su estado siempre que nos hagan un descuento del 5%.	*Wir können die Ware in diesem Zustand nur unter der Bedingung behalten, dass Sie uns einen Preisnachlass von 5 % gewähren.*
No podremos continuar nuestras relaciones a no ser que la ejecución de nuestros pedidos se mejore.	*Wir können unsere Geschäftsverbindung nur aufrechterhalten, wenn sich die Auftragsabwicklung in Zukunft bessert.*
Consideren anulado el pedido de no recibirlo la semana próxima a más tardar.	*Betrachten Sie den Auftrag als storniert, falls wir die Ware nicht spätestens nächste Woche erhalten.*

Schadensersatz verlangen

Exigimos una indemnización.	*Wir verlangen eine Entschädigung.*
Nos vemos obligados a reclamar daños y perjuicios por los trastornos irreparables.	*Wir sehen uns gezwungen, Schadensersatz für die irreparablen Schäden zu verlangen.*

ANMERKUNGEN

➔ Verwechseln Sie die Wendung **conforme a/con** – *gemäß* nicht mit dem Adjektiv **conforme(s): (No) está conforme con lo que dije** – *Er/Sie ist (nicht) einverstanden mit dem, was ich gesagt habe.*

➔ Merken Sie sich, wie man ausdrückt, dass etwas nicht richtig bzw. nicht auftragsgemäß erfolgt ist oder den Vereinbarungen nicht entspricht: **por no ser de conformidad**.

➔ Achtung! **Sólo** mit Akzent bedeutet *nur*, **solo/-a** ohne Akzent bedeutet *allein*.

➔ **Se trata de**, gefolgt von einem Substantiv oder einem Infinitiv, bedeutet: *es handelt sich um/es geht um.*

➔ **Una confusión** ist gleichbedeutend mit **una equivocación** oder **un error** – *ein Irrtum.*

➔ Merken Sie sich die geläufige Wendung **nos vemos obligados** – *wir sehen uns gezwungen.*

➔ **Remitir** ist ein Synonym von **despachar**, **enviar** – *schicken, liefern.*

➔ Mit folgenden Verben wird eine Vereinbarung ausgedrückt: **convenir**, **acordar**, **quedar en**.

SIE SIND DRAN!

Estimado señor:
(1) __________ a lo especificado en nuestra (2) __________ de pedido n° 0123, hemos recibido su envío dentro del (3) __________ indicado por nosotros. Desgraciadamente, (4) __________ tener (5) __________ comunicarles que Vd. me ha enviado 321 artículos (6) __________ referencia G/TA que no hemos solicitado de (7) __________ modo.
En cuanto a los 125 artículos (8) __________ referencia ZA/P, nos (9) __________ obligados (10) __________ rechazarlos por no (11) __________ de conformidad. Sin duda, se (12) __________ de una (13) __________ con los 125 de referencia A/RE, que no nos han llegado hasta ahora.

Unos y otros (14) ___________ a (15) ___________ disposición (16) ___________ espera de sus noticias. (17) ___________ cuanto a los 125 (ref. A/RE) considérenlos (18) ___________ .
Atentamente,

Estimados señores:
Por la presente (19) ___________ que comunicarles la devolución de nuestro pedido n° 336 (20) ___________ al mal estado de las mercancías, las cuales además nos han llegado con un considerable (21) ___________ , fuera del (22) ___________ de entrega que habíamos convenido.
Atentamente,

Lösung auf Seite 161

18 ZAHLUNG

Herr Carneiro, der für den Kundenservice von Zagala S.A. zuständig ist, beantwortet die Anfrage von Aerolíneas Al-Andalus bezüglich der Zahlungsbedingungen.

ZAHLUNGSWEISE

ZAGALA S.A.
Polígono Industrial «La Morriña»
Bloque n° 12 - 27072 LUGO
Tfno.: (982) 31 70 47 Fax: (982) 33 40 75

15 de mayo de 20...

AEROLÍNEAS AL-ANDALUS
Dirección General de
Mantenimiento y
Servidumbres
Corte de los Milagros s/n
41001 Sevilla

Asunto: Condiciones de pago

Estimados señores:

(1) ___________ su carta donde nos solicitan información sobre
(2) ___________ , nos es grato informarles que son las siguientes:

(3) ___________ 1.000 €, el pago se efectuará (4) ___________ mediante talón bancario, giro postal o bancario, o transferencia a nuestra cuenta del Banco Pastizal.

(5) ___________ tal cifra, (6) ___________ por el valor correspondiente
(7) ___________ fecha factura.

Para cualquier información que necesiten (8) ___________ a la atención del Sr. Carneiro, encargado de Clientes, Departamento de Contabilidad.

Esperando que estas condiciones les convengan, reciban un atento saludo.

Departamento de Contabilidad

Luis Carneiro

Luis Carneiro

Brief 24: Lösung auf Seite 153

Helfen Sie Herrn Carneiro, die Zahlungsbedingungen zu formulieren: ergänzen Sie mit Hilfe der nachfolgenden Begriffe sein Schreiben.

(1) *Sie beantworten eine Anfrage*:
En respuesta a
Con esta contestación a
Le contesto con ésta

(2) *„unsere Zahlungsbedingungen"*:
nuestras condiciones para cobrar
nuestras condiciones de pago
nuestras condiciones de pagarés

(3) *Sie legen die Mindestsumme fest*:
Para toda importancia menor de
Para todo importe inferior a
Sea cual sea el importe inferior

(4) *„bei Rechnungserhalt"*:
recibiendo la factura
al recibir la factura
con la recepción de la factura

(5) *„Bei Überschreiten"*:
En caso de que sobrepase
En caso de sobresalir
Si está superada

(6) *Sie kündigen an, dass ein Wechsel gezogen wird*:
se le tirará la letra
se le devolverá el efecto
se le girará letra

(7) *„30 Tage nach Sicht"*:
con vistas a un mes
a un mes a la vista
a treinta días vista

(8) *Sie nennen den zuständigen Sachbearbeiter für die weitere Korrespondenz*:
pueden mandarnos el correo
pueden dirigir la correspondencia
pueden despachar nuestra correspondencia

Obwohl der Firma Zagala S.A. einige kleine Lieferfehler unterlaufen sind, kündigt Herr Carneiro an, dass er eine Rechnung sowie einen Wechsel schicken wird, um das Konto seiner Gesellschaft auszugleichen.

ÜBERSENDUNG VON RECHNUNG UND WECHSEL

ZAGALA S.A.
Polígono Industrial «La Morriña»
Bloque n° 12 - 27072 LUGO
Tfno.: (982) 31 70 47 Fax: (982) 33 40 75

20 de agosto de 20...

AEROLÍNEAS AL-ANDALUS
Departamento de
Contabilidad
Corte de los Milagros s/n
41001 SEVILLA

Asunto: Envío de factura y letra

Estimado cliente:

(1) ___________ factura de fecha de hoy por un importe de 2.148,– €
(2) (___________), correspondiente a su pedido n° 0001, de fecha del 21 de mayo.

Tras comprobación, nos complace comunicarle que (3) ___________ en su cuenta la cantidad de 766,– € (setecientos sesenta y seis euros) por sus devoluciones de material no conforme. Queda, por tanto, (4) ___________ , que (5) ___________ 1.382,– € (mil trescientos ochenta y dos euros).

Con vistas a la liquidación de su cuenta, me permito girarle en el día de hoy a treinta días vista letra a su cargo por valor de 1.382,– €.

(6) ___________ en que dicha letra (7) ___________ , le reitera un cordial saludo

Departamento de Contabilidad

Luis Carneiro

Luis Carneiro

Brief 25: Lösung auf Seite 154

Vervollständigen Sie Herrn Carneiros Brief mit Hilfe der nachfolgenden Elemente.

(1) *Sie kündigen den Versand an*:
Tengo el gusto de remitirle
Tengo el gusto de devolverle
Tengo el gusto de pedirle

(2) *„Gebühren inbegriffen“*:
impuestos incluidos
tasas incluidas
incluidos los impuestos

(3) *Sie schreiben einen Betrag gut*:
le hemos dado un crédito
tiene Vd. un crédito
le hemos acreditado

(4) *„ein Saldo zu unseren Gunsten“*:
un saldo que nos favorece
un saldo a favor nuestro
el favor de un saldo

(5) *„beläuft sich auf ...“*:
asciende a
sube a
incrementa en

(6) *Sie sprechen dem Empfänger Ihr Vertrauen aus*:
Teniéndole confianza
Manifestándole nuestra confianza
Confiando

(7) *Sie bitten um Rücksendung des Wechsels nach Akzept*:
nos será devuelta después de decir que sí
nos será devuelta tras aceptación
la devolvamos después de aceptarla

WENDUNGEN

Eine Anfrage beantworten

En respuesta/contestación a...	*In Beantwortung ...*
Referente a su demanda...	*Bezüglich Ihrer Anfrage ...*
En relación con/a su carta...	*In/Mit Bezug auf Ihren Brief ...*

Zahlungsbedingungen festlegen

Queda entendido que las condiciones de pago serán las siguientes:	*Wir gehen von folgenden Zahlungsbedingungen aus:*
pago por talón/por cheque	*Zahlung durch/per Scheck*
pago por giro postal	*Zahlung durch Postüberweisung*
pago por transferencia bancaria	*Zahlung durch Banküberweisung*
pago al formalizarse el pedido	*Zahlung bei Auftragserteilung*
pago a la entrega	*Zahlung bei Lieferung*
pago contra documentos	*Kasse gegen Dokumente*
12% es pagadero al contado al formalizar/efectuar el pedido	*12 % sind sofort bei Auftragserteilung zu zahlen*

Kreditbedingungen festlegen

pago a plazos	*Teilzahlung/Ratenzahlung*

girar una letra a 90 días fecha factura	*einen 90-Tage-Wechsel ab Rechnungsdatum ziehen*
pago fraccionado	*Ratenzahlung*
el tipo de interés es de...	*der Zinssatz beträgt ...*

Eine Lieferung/Sendung ankündigen

Tengo el gusto de remitirle…	*Ich freue mich, Ihnen … zu (über)senden.*
Me complace enviarles/mandarles…	*Ich freue mich, Ihnen … zu (über)senden/(über)senden zu können.*
Adjunto le remito…	*Anbei sende ich Ihnen …*

Auf den Zustand des Kundenkontos hinweisen

El saldo asciende a…	*Der Saldo/Das Guthaben beläuft sich auf …*
Su cuenta presenta un saldo a favor nuestro de…	*Ihr Konto weist einen Saldo in Höhe von … zu unseren Gunsten aus.*
Le recordamos que su cuenta presenta/arroja un saldo deudor por valor de…	*Wir erinnern Sie daran, dass Ihr Konto einen Sollsaldo in Höhe von … ausweist.*
Tras verificación, su cuenta tiene un saldo acreedor de…	*Unsere Überprüfung hat ergeben, dass Ihr Konto einen Habensaldo von … ausweist.*
Por tanto, dispone de un haber de…	*Folglich verfügen Sie über ein Guthaben von …*

Günstige Zahlungsbedingungen gewähren

Podemos hacerle un descuento del 2% por pronto pago.	*Wir können Ihnen 2 % Skonto gewähren.*
Hacemos un descuento siempre que el pago sea al contado.	*Bei Barzahlung gewähren wir einen Preisnachlass/Skonto.*
Por encima de dicha cantidad, ofrecemos un descuento del 3% sin IVA.	*Bei Überschreiten der genannten Menge bieten wir 3 % Rabatt/Preisnachlass ohne Mehrwertsteuer.*

Zahlungsziele mitteilen

Podremos concederle un plazo de…	*Wir können Ihnen eine Frist von … gewähren.*
El pago podrá ser fraccionado según la cláusula…	*Die Zahlung kann gemäß der Klausel … gestaffelt werden.*
Excepcionalmente, podremos consentirle una moratoria de…	*Ausnahmsweise können wir Ihnen einen Zahlungsaufschub von … bewilligen.*
Lamentamos comunicarle que no solemos conceder ningún plazo suplementario.	*Leider müssen wir Ihnen mitteilen, dass wir keinen Zahlungsaufschub gewähren.*

ANMERKUNGEN

➔ Merken Sie sich den Begriff **un pagaré** für *Schuldschein.*

➔ Das Verb **cobrar** bedeutet *einkassieren, beziehen.*

➔ Denken Sie daran, dass **al** mit Infinitiv eine Gleichzeitigkeit ausdrückt: **al recibir** – *bei Erhalt.*

➔ Mit der Wiederholung **ya... ya/o... o** – *entweder ... oder* wird auf mehrere Möglichkeiten hingewiesen.

➔ Verwechseln Sie nicht **sobresalir** – *hervor-, herausragen* mit **superar** – *überwinden.*

➔ Merken Sie sich den Ausdruck **girar una letra a alguien** – *einen Wechsel auf jdn ziehen;* derjenige, der den Wechsel zieht, ist im Spanischen **el librador** – *der Trassant, der Aussteller,* während *der Trassat, der Bezogene* **el librado** ist.

➔ Verwechseln Sie nicht **un informe** – *ein Bericht, ein Gutachten* mit **una información** – *eine Information.*

➔ Beachten Sie die Wendung **tras comprobación** – *nach/gemäß Überprüfung.*

➔ Merken Sie sich die Begriffe **acreditar/abonar una cuenta** – *einem Konto gutschreiben* und **cargar una cuenta** – *ein Konto belasten.*

SIE SIND DRAN!

Estimados señores:
En (1) ____________ a su carta de (2) ____________ de (3) ____________ sobre nuestras condiciones de (4) ____________ , nos es grato comunicarles que para todo (5) ____________ inferior (6) ____________ 2.000 € el (7) ____________ se hará (8) ____________ recibir la factura por (9) ____________ bancario o (10) ____________ postal o bien (11) ____________ transferencia a (12) ____________ cuenta del Banco Coca.
Para cantidades (13) ____________ a esa cifra, se le (14) ____________ letra a 30 días fecha factura.
Esperando que estas condiciones les (15) ____________ , le saluda atte.

Me (16) ___________ transmitirle la factura correspondiente a su pedido n° 007 (17) ___________ valor de 18.750,– € (impuestos (18) ___________).

Nos es (19) ___________ comunicarle por la presente que le hemos (20) ___________ en su (21) ___________ la cantidad de 1.500 € (22) ___________ sus devoluciones de material defectuoso.
Atentamente,

Lösung auf Seite 161

19 EINEN KREDIT BEANTRAGEN

Die älteste Tochter von Susana Hernández möchte sich selbstständig machen. Sie plant, einen kleinen Buchladen in der Stadtmitte zu eröffnen, und benötigt dazu einen Bankkredit. Frau Hernández schreibt einen Brief an den Bankdirektor und bittet ihn um Informationen zur Kreditaufnahme.

Susana Hernández
c/ Álvarez Cunqueiro, 13
27002 Lugo

Lugo, 3 de septiembre de 20...

Banking S.A.
Avda. Rosalía de Castro, 1
27001 Lugo

A la atención del Sr. director.

Estimado don Ignacio:

Como usted bien sabe, llevo ya más de veinte años confiándoles a usted y a sus colaboradores todas mis (1) ___________ , tanto las privadas como las relacionadas con la empresa Zagala S.A.

En esta ocasión me dirijo a usted para asesorarme acerca de la posibilidad de (2) ___________ .

Mi hija Ana desea (3) ___________ y abrir una librería. Calculamos que necesitaría (4) ___________ un capital inicial aproximado de setenta y cinco mil euros para emprender su negocio.

Si a usted le parece bien, podríamos concertar una entrevista para la próxima semana y estudiar este asunto más a fondo, especialmente en lo que respecta al (5) ___________ y a la cuota y plazo de amortización.

Asimismo desearíamos informarnos más detalladamente sobre las garantías y/o (6) ___________ exigidos por su entidad.

Mi hija está muy ilusionada y desearía empezar cuanto antes. Por ello le ruego nos reciba a la mayor brevedad posible.

Muy atentamente,

Susana Hernández.

Brief 26: Lösung auf Seite 154

Helfen Sie nun Frau Hernández, indem Sie die richtigen Begriffe auswählen und den Lückentext vervollständigen.

(1) *Sie beziehen sich auf ihre Bankgeschäfte:*
transacción de la caja
operaciones bancarias
asuntos financieros

(2) *Sie möchten einen Kredit beantragen:*
solicitar un préstamo
dar crédito
pedir dinero prestado

(3) *Sie möchten sich selbstständig machen:*
querer ser independiente
vivir del cuento
establecerse por su cuenta

(4) *„zur Verfügung haben":*
poner a su disposición
estar dispuesto
disponer de

(5) *„Zinssatz":*
un tipo interesado
tipo de interés
una oración interesante

(6) *„Bürgschaft":*
avales
avalar
ciudadanía

WENDUNGEN

Einen Kredit beantragen

Mi hija quiere solicitar/pedir un crédito/un préstamo.	*Meine Tochter möchte einen Kredit/ein Darlehen beantragen.*
El prestatario quiere disponer de un capital de...	*Der Kreditnehmer möchte über eine Summe von ... verfügen.*
Los costes dependen del importe y plazo de crédito.	*Die Gebühren sind abhängig von Höhe und Laufzeit des Kredits.*
El prestamista tiene que comprobar las garantías.	*Der Kreditgeber muss die Kreditsicherheiten prüfen.*
exigir un aval como garantía	*eine Bürgschaft als Sicherheit fordern*
el pago aplazado	*der Zahlungsaufschub*
reembolsar a plazos	*auf Raten zurückzahlen*
conceder un préstamo	*ein Darlehen gewähren/bewilligen*

Eine Kreditzusage bekommen

El importe del crédito es de...	*Die Höhe des Kredits beläuft sich auf ...*
Los costes de tramitación ascienden a...	*Die Bearbeitungsgebühren belaufen sich auf ...*
Para el primer año el tipo de interés será del 8%.	*Der Zinssatz beträgt im ersten Jahr 8 %.*
interés fijo/variable	*fester/variabler Zinssatz*

El préstamo tiene un (período de) vencimiento de dos años.	*Der Kredit hat eine Laufzeit von zwei Jahren.*
La cuota de amortización asciende a...	*Die Tilgungsrate beträgt ...*

Verschiedene Bankgeschäfte erledigen

abrir/cancelar una cuenta	*ein Konto eröffnen/auflösen*
el/la titular de una cuenta/tarjeta	*der/die Konto-/Kreditkarteninhaber/in*
cuenta corriente/de ahorro	*Giro-/Sparkonto*
ingresar dinero	*Geld einzahlen*
sacar/retirar dinero	*Geld abheben*
cargar/abonar en cuenta	*einem Konto belasten/gutschreiben*
transferencia (bancaria)	*(Bank-)Überweisung*
extender un cheque/cheque de viaje	*einen Scheck/Reisescheck ausstellen*
dejar una cuenta al descubierto	*ein Konto überziehen*
pagar con tarjeta de crédito	*mit Kreditkarte bezahlen*
comisión bancaria/de mantenimiento	*Bankprovision/Kontoführungsgebühr*

ANMERKUNGEN

➔ **Tarjeta** kann sich auf eine Post-, Kredit-, Visiten- oder Einladungskarte beziehen. **Tarjeta de crédito** ist der spanische Ausdruck für *Kreditkarte.*

➔ Die Wendung **más a fondo** ist gleichbedeutend mit **más detalladamente**.

➔ Merken Sie sich den Ausdruck **hasta nuevo aviso** – *bis auf Widerruf.*

➔ Statt **préstamo** können Sie auch **crédito (bancario)** – *(Bank-)Kredit* sagen.

➔ Verwechseln Sie nicht **dejar una cuenta al descubierto** – *ein Konto überziehen* mit dem Verb **descubrir** – *entdecken, herausfinden.*

SIE SIND DRAN!

Estimado señor:
Nos es grato comunicarle que le ha sido (1) ___________ el préstamo, para la adquisición de una vivienda, que Ud. solicitó en nuestra oficina bancaria. Le agradeceremos se ponga en contacto con nosotros a la mayor brevedad posible para (2) ___________ la documentación pertinente.
Atentamente,

Estimada Sra. González:
Con nuestra nueva tarjeta (3) ___________, Ud. podrá disfrutar de múltiples ventajas.
Puede elegir entre dos modalidades: el pago total o el pago (4) ___________, simplemente deberá comunicárnoslo 48 horas antes de la fecha de pago.
Además en caso de robo o pérdida de su (5) ___________ no tendrá que pagar ni una sola peseta.
Si desea más información (6) ___________, no dude en ponerse (7) ___________ con nosotros.
Muy atentamente,

Muy señores míos:
Les ruego (8) ___________ *(cargar)* hasta nuevo aviso los recibos de la compañía eléctrica en mi (9) ___________ corriente.
Agradeciéndoselo de antemano, aprovecho la ocasión para saludarles muy cordialmente.

Lösung auf Seite 161

20 MAHNSCHREIBEN

Herr Carneiro hat soeben festgestellt, dass Aerolíneas Al-Andalus in Zahlungsverzug geraten ist. Er verfasst einen höflichen Erinnerungsbrief.

ZAGALA S.A.
Polígono Industrial «La Morriña»
Bloque n° 12 - 27072 LUGO
Tfno.: (982) 31 70 47 Fax: (982) 33 40 75

12 de septiembre de 20...

AEROLÍNEAS AL-ANDALUS
Departamento de
Contabilidad
Corte de los Milagros s/n
41001 SEVILLA

Estimados señores:

(1) ___________ que (2) ___________ por valor de 1.382,– € (mil trescientos ochenta y dos euros) (3) ___________ desde nuestra última factura, (4) ___________ por su parte con aceptación del efecto que, por ese valor, se le giró con fecha del 20 del mes pasado. (5) ___________ un retraso involuntario de su Departamento de Contabilidad. (6) ___________ ninguna reclamación que hacernos sobre el desglose que en nuestra anterior carta le mencionábamos, les rogamos que, a la mayor brevedad posible, nos devuelvan dicho efecto con la debida aceptación. Si, entre tanto, ya (7) ___________ nuestra cuenta corriente la citada cantidad, no tengan en consideración la presente carta.

Atentamente les saluda

Departamento de Contabilidad

Luis Carneiro

Luis Carneiro

Brief 27: Lösung auf Seite 154

Helfen Sie Herrn Carneiro durch Einsetzen der jeweils richtigen Elemente in den Lückenbrief.

(1) *Sie leiten mit höflichen Worten Ihre Zahlungserinnerung ein*:
Me permito mandarles recuerdos de
Nos permitimos recordarles
Permítame que le recuerde

(2) *Das Konto Ihres Kunden weist immer noch ein Guthaben aus*:
seguimos saldando
su cuenta queda saldada
el saldo de su cuenta sigue siendo positivo

(3) *„zu unseren Gunsten"*:
por favor nuestro
a favor nuestro
de nuestro favor

(4) *Sie begründen Ihren Erinnerungsbrief*:
pues aún no nos han respondido
después de recibir una mala contestación
ya que aún no hemos recibido respuesta

(5) *Sie äußern Ihr Vertrauen in den guten Willen Ihres Kunden*:
No les tratamos de
No dudamos de que tratan con
No dudamos de que se trata de

(6) *Sie formulieren eine Bedingung*:
De no tener
Con no tener
Al no tener

(7) *Falls der Kunde die Rechnung bereits beglichen hat*:
han ingresado en
han entrado en
han cobrado por

WENDUNGEN

In höflicher Form eine Zahlungserinnerung einleiten

Nos permitimos recordarles que...	*Wir erlauben uns, Sie daran zu erinnern, dass ...*
Lamentamos recordarles que...	*Wir bedauern, Sie daran erinnern zu müssen/Leider müssen wir Sie daran erinnern, dass ...*
Nos extraña no haber recibido hasta la fecha...	*Wir wundern uns, dass wir bis zum heutigen Datum noch nicht/keine ... erhalten haben.*

Die Zahlungserinnerung rechtfertigen

Ya que aún no hemos recibido respuesta...	*Da wir noch keine Antwort erhalten haben ...*
Ante su silencio...	*Angesichts Ihres Schweigens ...*

Sin respuesta de su parte...	*Da wir keine Antwort von Ihnen erhalten haben ...*
Como hasta la fecha no han liquidado la cantidad de...	*Da Sie bis zum heutigen Datum die Summe von ... nicht beglichen haben ...*
Dado que su cuenta sigue presentando un saldo positivo a nuestro favor...	*Da Ihr Konto immer noch ein Guthaben zu unseren Gunsten ausweist ...*

Vertrauen in den guten Willen des Kunden ausdrücken

No dudamos de que se trata de un retraso involuntario.	*Wir zweifeln nicht daran, dass es sich um eine unbeabsichtigte Verzögerung handelt.*
Confiamos en que se trata de una demora involuntaria.	*Wir vertrauen darauf, dass es sich um eine unbeabsichtigte Verzögerung handelt.*
Estamos seguros de que...	*Wir sind sicher, dass ...*
Suponemos que se trata de un olvido por su parte.	*Wir nehmen an, dass Sie ... vergessen haben.*

Falls der Kunde die Rechnung bereits beglichen hat

Si ya han ingresado en nuestra cuenta...	*Falls Sie ... bereits auf unser Konto eingezahlt haben, ...*
En caso de que el pago ya haya sido efectuado...	*Falls die Zahlung bereits erfolgt ist, ...*
les rogamos no tener en consideración...	*bitten wir Sie, ... als gegenstandslos zu betrachten.*
Les rogamos no tengan en cuenta...	*Wir bitten Sie, ... nicht zu berücksichtigen.*

Eine zweite Mahnung einleiten

Nos vemos en la obligación de recordarles que su cuenta sigue presentando un saldo deudor de...	*Wir sehen uns gezwungen, Sie daran zu erinnern, dass Ihr Konto weiterhin einen Sollsaldo von ... ausweist.*
Ante su prolongado silencio...	*Angesichts Ihres anhaltenden Schweigens ...*
Lamentamos su continuado silencio a pesar de ofrecerles las mayores facilidades de pago.	*Wir bedauern, nichts von Ihnen zu hören, obwohl wir Ihnen beste Zahlungsbedingungen geboten haben.*
Sentimos manifestarle que, salvo error u omisión, su deuda de... sigue sin ser pagada.	*Leider müssen wir Ihnen mitteilen, dass, Irrtum vorbehalten, Ihre Schuld in Höhe von ... nach wie vor nicht beglichen wurde.*
Vd. se comprometió a pagar en el plazo previsto.	*Sie haben sich verpflichtet, innerhalb der festgesetzten Frist zu zahlen.*

Eine strikte Bedingung stellen

Si su cuenta no ha sido saldada en el plazo de una semana...	*Wenn Ihr Konto nicht innerhalb einer Woche ausgeglichen ist ...*
En caso de impago en el plazo de quince días...	*Falls Sie ... nicht innerhalb der nächsten vierzehn Tage zahlen, ...*
Excepto pago inmediato de su deuda...	*Außer im Falle einer unverzüglichen Begleichung Ihrer Schuld ...*

Die Einleitung gerichtlicher Schritte androhen

Nos vemos en la obligación de tomar otro tipo de medidas.	*Wir sehen uns gezwungen, andere Maßnahmen zu ergreifen.*
Procederemos por vía judicial.	*Wir werden gerichtlich vorgehen.*
Nos veremos obligados a recurrir a nuestro Servicio de Contencioso/ Litigios para que proceda por vía judicial.	*Wir werden gezwungen sein, unsere Rechtsabteilung einzuschalten, damit gerichtliche Schritte eingeleitet werden können.*
Nuestro abogado les enviará un último escrito antes de proceder por vía judicial.	*Unser Rechtsanwalt wird Ihnen ein letztes Schreiben zusenden, bevor er gerichtliche Schritte einleitet.*

ANMERKUNGEN

→ Beachten Sie, dass **seguir**, gefolgt von einem Gerundium, die Kontinuität einer Handlung ausdrückt: **sigue siendo...** – *ist immer noch ...*

→ Der Ausdruck **saldar una cuenta** bedeutet *ein Konto ausgleichen.*

→ Der Ausdruck **ya que** – *da* leitet eine Erklärung bzw. Begründung ein.

→ Unterscheiden Sie zwischen **aún** (mit Akzent) – *noch* und **aun** (ohne Akzent) – *sogar.*

→ **Tratarse de** bedeutet *sich handeln um,* während **tratar** mit *behandeln* zu übersetzen ist.

→ Die Formulierung **de no tener** ist gleichbedeutend mit **si no tienen (Vds.)** – *wenn/falls Sie nicht haben;* **al no tener** dagegen bedeutet *da er/sie/es nicht hat.*

→ Das richtige Wort für *einzahlen* ist im Spanischen **ingresar; cobrar** bedeutet *(ein)kassieren, einziehen.*

SIE SIND DRAN!

Nos permitimos (1) ____________ que el (2) ____________ de su cuenta (3) ____________ *(seguir)* siendo positivo (4) ____________ valor de 2.223 € a (5) ____________ nuestro, ya que (6) ____________ no hemos recibido (7) ____________ por su parte a nuestras dos cartas.
No (8) ____________ de que se (9) ____________ de un (10) ____________ involuntario y de que nuestro efecto nos será (11) ____________ con la debida (12) ____________ . Si ya han (13) ____________ en nuestra cuenta dicha cantidad, no tengan en (14) ____________ la presente carta.
Atentamente,

(15) ____________ su silencio y, como hasta la fecha no (16) ____________ *(liquidar)* su deuda, confiamos (17) ____________ que se trata de un olvido involuntario y les (18) ____________ que (19) ____________ teniendo un saldo a (20) ____________ nuestro (21) ____________ un valor de doce mil euros que esperamos nos hagan efectivo en breve plazo.
Les saluda atte.

Ante su (22) ____________ silencio, nos vemos (23) ____________ la obligación de (24) ____________ que su deuda no ha sido (25) ____________ pagada a pesar de nuestras repetidas cartas. (26) ____________ comunicarle que, en (27) ____________ de impago en el (28) ____________ de una semana, (29) ____________ por (30) ____________ judicial.

Lösung auf Seite 161

21 RATSCHLÄGE

Beate Huber de Serranilla, eine Deutsche, die seit zwei Jahren in Spanien arbeitet und sich derzeit um eine neue Arbeitsstelle bemüht, hat ihre Freundin Frau Hernández in einem Brief um Rat gebeten. Diese antwortet ihr sofort.

Lugo, 13 de septiembre de 20…

Querida Beate:

He recibido tu carta en la que (1) ____________ sobre tu propósito de solicitar un puesto en el Consorcio Textil S.A. para cambiar de trabajo.

(2) ____________ una decisión difícil de tomar, (3) ____________ voy a (4) ____________ de la forma más sincera posible. El Consorcio es, (5) ____________, la empresa más importante del sector pero, (6) ____________, no me precipitaría, te (7) ____________, porque dicen que, (8) ____________, pasa por un mal momento.

En esas circunstancias, (9) ____________, más vale un cargo como el que tienes que otro mejor en apariencia. Por eso, espera un poco y no te apresures. Yo te (10) ____________ y tuvieras cuidado.

Un abrazo,

Susana.

Brief 28: Lösung auf Seite 155

Wählen Sie aus den nachfolgend aufgeführten Begriffen die richtigen aus.

(1) *Sie beziehen sich auf die Anfrage der Empfängerin*:
me pedías consejo
me aconsejabas
me dabas un consejo

(2) *„Obwohl … ist"*:
Aunque sea
Aunque es
A pesar de que sea

(3) *„fällt es ebenfalls nicht leicht, einen Rat zu geben"*:
es tan poco difícil dar consejo
no es posible aconsejar
y no me resulta fácil aconsejarte

(4) *Sie äußern Ihre Meinung*:
expresar una opinión
ensayar una opinión
intentar darte mi opinión

(5) *„ohne jeden Zweifel"*:
sin duda alguna
sin dudar nada
sin dudarlo nadie

(6) *Sie versetzen sich an ihre Stelle*:
yo en tu sitio
yo que tú
yo tal como tú

(7) *Sie raten ihr zur Vorsicht*:
pediría más prudencia
aconsejaría la prudencia
aconsejaría que fueras prudente

(8) *„trotz allem"*:
a pesar todo
a pesar de todo
con el pesar de todos

(9) *„meiner Ansicht nach"*:
a mi parecer
al parecer
me parezco a ti

(10) *Sie bitten sie, es sich gut zu überlegen*:
diría que lo pensaras bien
pediría que pensaras en eso
diría que reflejaras esa cuestión

WENDUNGEN

Um Rat bitten

Quisiera pedirte/pedirle consejo sobre...	*Ich würde dich/Sie gerne um Rat bitten wegen ...*
Quisiera que me aconsejaras sobre...	*Bitte gib mir einen Rat bezüglich ...*

Eine Meinung äußern

Yo que tú no me precipitaría.	*Ich an deiner Stelle würde nichts überstürzen.*
Te desaconsejaría que lo hicieras.	*Ich würde dir davon abraten, es zu tun.*
a mi parecer/juicio	*meiner Ansicht/Meinung nach*
en mi opinión	*meiner Ansicht/Meinung nach*

ANMERKUNGEN

→ Bei den Ausdrücken **aunque** und **a pesar de que** richtet sich die Bedeutung *(selbst wenn bzw. obwohl)* danach, ob das nachfolgende Verb im Indikativ oder im „Subjuntivo" steht: **aunque/a pesar de que sea su hija** – *selbst wenn sie seine Tochter wäre*; **aunque/a pesar de que es su hija** – *obwohl* sie seine Tochter ist.

➔ Beachten Sie, dass **tampoco es fácil** gleichbedeutend ist mit **no es fácil tampoco** – *es ist auch nicht einfach.* Denken Sie auch daran, dass nach **no es fácil** kein **de**, sondern unmittelbar das Verb im Infinitiv steht: **No es fácil dar...** – *Es ist nicht einfach, ... zu geben.*

➔ Achten Sie auf die Stellung des Pronomens **te** im Satz **voy a intentar darte mi opinión** – *Ich werde versuchen, dir meine Meinung zu sagen.*

➔ Der spanische Ausdruck **sin duda alguna** – *ohne jeden Zweifel* ist gleichbedeutend mit **sin ninguna duda**.

➔ Verwechseln Sie nicht **pensar en eso** – *daran denken* mit **pensarlo** – *darüber nachdenken.*

SIE SIND DRAN!

He recibido esta mañana tu carta en (1) ____________ que me (2) ____________ consejo sobre tus intenciones. Te confieso que (3) ____________ difícil (4) ____________ un consejo.
A mi (5) ____________ , más (6) ____________ un cargo como el que tienes que cambiar por (7) ____________ mejor.
Por eso, (8) ____________ que (9) ____________ , no me precipitaría y te aconsejaría que (10) ____________ prudente.

Querida Maruja:
Sin duda (11) ____________ , no es fácil tomar una (12) ____________ en tu caso, pero ya que me (13) ____________ *(pedir)* consejo, te diría que yo, en tu lugar, me separaría de él. De verdad, no lo (14) ____________ *(dudar).* Yo te aconsejaría además que lo (15) ____________ *(hacer)* cuanto antes porque no te mereces esa vida.

Estimada amiga:
Aunque entiendo que su decisión (16) ____________ *(ser)* difícil de tomar, a mi (17) ____________ Vd. (18) ____________ *(deber)* vender esas acciones y, (19) ____________ que (20) ____________ , sin dudarlo nada, (21) ____________ *(invertir)* en Bonos del Tesoro.

Lösung auf Seite 161

22 BEWERBUNG (I)

Frau Hernández' Freundin Beate will sich nun bei einer anderen Firma bewerben; sie verfasst also ein Bewerbungsschreiben sowie einen Lebenslauf.

BEWERBUNGSBRIEF

Beate Huber de Serranilla
C/ Angustias, 125
Pozuelo de Alarcón
28013 Madrid
Tfno.: 345.89.67

Telemanía
Paseo de la Libertad, 32
28032 MADRID

Madrid, 19 de septiembre de 20...

A la atención del Jefe de Personal.

Distinguido señor:

Desde hace dos años (1) ___________ de encargada de prensa en Cables Cruzados S.A., empresa líder en la difusión de películas por cable, y, conociendo la importancia de su empresa en el sector, (2) ___________ de dirigirles la presente para ofrecerles mis servicios en un puesto similar.

Mi trabajo en el campo de la comunicación y mis contactos con (3) ___________ , generales y especializados, nacionales así como internacionales, (4) ___________ todo tipo de relaciones. Por tanto, (5) ___________ que puede serle útil a una empresa como la suya en donde la comunicación (6) ___________ tan destacado.

Por otra parte, siempre he deseado poner mis conocimientos al servicio de un sector puntero como el suyo con un importante (7) ___________ dedicado a la exportación.

(8) ___________ y, en espera de sus noticias, me pongo a su entera disposición. Reciba un atento saludo.

Beate Huber de Serranilla

Beate Huber de Serranilla

Brief 29: Lösung auf Seite 155

Vervollständigen Sie mit Hilfe der nachfolgenden Vorgaben das Bewerbungsschreiben.

(1) *Sie sprechen von Ihrer Arbeitsstelle*:
tengo a mi cargo
desempeño el cargo
me hago cargo

(2) *„erlaube ich mir"*:
tengo libertad
me tomo la libertad
pido la libertad

(3) *„die Medien"*:
las medias
los medios
los medios de comunicación

(4) *„haben es mir erlaubt, … zu erlangen"*:
me han permitido conquistar
han permitido lograr
me han permitido adquirir

(5) *Sie erwähnen Ihre Berufserfahrung*:
poseo mayor experiencia
dispongo de una larga experiencia
tengo una amplia experiencia

(6) *„spielt eine Rolle"*:
actúa en un papel
tiene un papel
juega un papel

(7) *„Prozentsatz des Umsatzes"*:
tipo de ventas
porcentaje vendido
tanto por ciento de facturación

(8) *Sie legen Ihren Lebenslauf bei*:
Les coloco mi historia
Les confío un curriculum
Les incluyo currículo

LEBENSLAUF

(1) ____________ : Beate Huber de Serranilla
nacida en Heidelberg (Alemania)
el 12 de febrero de 19...

Situación familiar: (2) ____________ , con dos hijos.

(3) ____________ : C/ Alegría, 125 – Pozuelo de Alarcón (Madrid)
Tfno.: 345 89 67

Nacionalidad: española (adquirida en 19...)

Estudios secundarios:
19... • Bachillerato en el Instituto „Hölderlin-Gymnasium“ (Heidelberg)

Estudios superiores:
19... • (4) ____________

Títulos:
19... • Licenciatura en Filología (Magister Artium)
Universidad de Heidelberg

Otros diplomas:
19... • Escuela Privada de Periodismo

Idiomas:
- alemán: (5) ____________
- español: (6) ____________ (escrito y hablado)
- inglés: (6) ____________ (escrito y hablado)
- francés: (7) ____________

(8) ____________ :

19... • Prácticas de tres meses en el periódico "La Patria" en La Paz – Bolivia (traducción de artículos, redacción de noticias de agencia).

19... – 20... • (9) ____________ en el periódico de la empresa Ranking & Co. España.

20... – 20... • Encargada de prensa en Cables Cruzados S.A.

Text 30: Lebenslauf: Lösung auf Seite 155

Fügen Sie nun die nachfolgenden Vorgaben an der richtigen Stelle des Lebenslaufs ein.

(1) *„Name und Vornamen"*:
Apellidos y nombre
Nombre y apellidos

(2) *Ihr Familienstand*:
madre
casada
con obligaciones

(3) *„Hauptwohnsitz"*:
Dirección general
A domicilio
Dirección actual

(4) *Politologie und Hispanistik*:
Ciencias del Idioma
Política y Literatura
Ciencias Políticas y Filología Española

(5) *„Muttersprache"*:
lengua materna
lengua viva
lengua propia

(6) *„perfekte Beherrschung"*:
perfecto dominio
maestría total
magisterio en

(7) *„gute Kenntnisse"*:
buenos conocimientos
buenas relaciones
conocimientos buenos

(8) *„Berufserfahrung"*:
Profesionalidad
Experimentaciones
Experiencia laboral

(9) *Sie nennen eine Ihrer Stellungen*:
Secretaria ejecutiva
Secretaría de la redacción
Secretaria de redacción

WENDUNGEN

Eine Stelle/Funktion beschreiben

Desempeño el cargo de encargado/-a de prensa.	*Ich bin als Pressereferent/in tätig.*
Estoy de encargado/-a de prensa.	Ich arbeite als Pressereferent/in.
Ocupo el puesto de...	*Ich habe die Stelle/den Posten einer/-s ... (inne).*
Ejerzo el empleo de...	*Ich übe die Funktion einer/-s ... aus/habe die Stelle einer/-s ...*
Quisiera hacerme cargo del puesto.	*Ich würde die Stelle gerne übernehmen.*

Sich unaufgefordert bewerben

Me tomo la libertad de escribirles...	*Ich erlaube mir, Ihnen zu schreiben ...*
Me permito dirigirle la presente...	*Hiermit möchte ich mich an Sie wenden ...*

Seine Berufserfahrung beschreiben

Tengo una amplia experiencia...	*Ich besitze umfassende Erfahrung ...*
mi experiencia en el campo de...	*meine Erfahrung im Bereich ...*
Creo poseer la experiencia exigida para esa función.	*Ich glaube, über die für diesen Posten erforderliche Erfahrung zu verfügen.*

ANMERKUNGEN

➔ Achtung, nicht verwechseln! Das richtige Wort für *Bereich/Domäne* ist im Spanischen **el campo; el dominio de** dagegen bedeutet *das Beherrschen (einer Sache).*

➔ Den Begriff *Medien* gibt es im Spanischen nicht in dieser Form. **Los medios** sind *die Mittel,* **las medias** *die Durchschnittswerte,* und **las medias de una señora** sind *Damenstrümpfe.* Der einzig richtige Begriff für *Medien* lautet **los medios de comunicación**.

➔ Merken Sie sich den Unterschied zwischen **un tipo de** – *eine Art von* und dem Begriff aus dem Finanzbereich: **el tipo (de interés, de descuento...)** – *der (Zins-, Diskont-, ...)Satz.*

➔ Beachten Sie die Nuancen: *eine Rolle spielen* im Sinne von „eine Bedeutung haben" kann mit **tener un papel** oder **desempeñar un papel** übersetzt werden; *eine Rolle in einem Theaterstück* oder *Film spielen* heißt auf Spanisch **interpretar un papel**.

➔ Merken Sie sich, dass *Umsatz* mit **facturación** oder **ventas** (seltener auch mit **volumen de negocio**) übersetzt wird.

➔ **Currículo** ist ein Synonym für **curriculum (vitae)** – *Lebenslauf*; auch der Begriff **historial** kann für *Lebenslauf, beruflicher Werdegang* verwendet werden.

SIE SIND DRAN!

(1) ____________ de la tesorería de la sociedad Cambios Funestos, me (2) ____________ la libertad de dirigirles la (3) ____________ para (4) ____________ mis servicios en un puesto (5) ____________ . Mis competencias, tanto nacionales (6) ____________ internacionales pueden (7) ____________ útiles a una empresa como la (8) ____________ . Por (9) ____________ parte, siempre he (10) ____________ trabajar en un sector (11) ____________ como el suyo.
Les (12) ____________ mi (13) ____________ y, en (14) ____________ de sus (15) ____________ , les saludo atentamente.

Lösung auf Seite 162

Setzen Sie auf der Grundlage des folgenden Berichts den Lebenslauf von Crispín Rodillo auf:

Nací en Don Benito (Badajoz) en 19... . Después de estudiar en el Colegio de los Hermanos Maristas de Almendralejo, donde terminé el bachillerato, en 19..., me fui a Madrid, donde hice la carrera de Ingeniero Industrial; después me marché a Hamburgo y allí trabajé un año en la empresa Monochrom AG. Después me he seguido dedicando a estudiar idiomas y, además de dominar perfectamente el alemán, hablo muy bien inglés y francés. Desde 20... hasta la fecha estoy en la empresa Herramientas Útiles de Irún.

Setzen Sie nun nach dem obigen Muster Ihren eigenen Lebenslauf auf Spanisch auf.

23 STELLENANGEBOTE

Im Zuge der Vergrößerung ihrer EDV-Filiale benötigt Zagala S.A. eine(n) junge(n) kaufmännische(n) Angestellte(n). Frau Hernández beschließt daher, ein Stellenangebot im Anzeigenteil der Wirtschaftszeitung „Asuntos y Negocios" zu inserieren.

Para empresa líder en el sector de la informática industrial:
(1) ___________

EJECUTIVO DE VENTAS

Este puesto se desempeñará en nuestra sede en Madrid.
(2) ___________ de un equipo de vendedores de unas veinte personas.

(3) ___________

(4) ___________ (Económicas – Ciencias Empresariales).
Dos o tres años de experiencia en puesto similar.
(5) ___________, sociable.
(6) ___________ escrito y hablado (se valorará el conocimiento de otros idiomas).

SE OFRECE

(7) ___________ plantilla.
Retribución competitiva compuesta de:
(8) ___________ + gastos, acorde con la valía del candidato.

Interesados envíen historial a:
Apartado de Correos 23456 – Madrid
a la referencia
DISTRIBUCIÓN/REPRESENTACIÓN

Anzeige 31: Lösung auf Seite 156

Ergänzen Sie die fehlenden Elemente in der Annonce mit Hilfe der nachfolgenden Liste.

(1) *Sie suchen*:
Busca
Se precisa
Es preciso

(2) *Sie beschreiben das Aufgabengebiet*:
Su cometido: se responsabilizará
Su comisión: se encargará
Su labor: se deshará

(3) *Sie verlangen/wünschen*:
Se demanda
Se quiere
Se requiere

(4) *Sie erwähnen die Ausbildungsabschlüsse*:
Diplomado
Titulación universitaria
Con licencia

(5) *Sie weisen auf die gewünschten Persönlichkeitsmerkmale hin*:
Gran dedicación al trabajo y dotes de mando
Gran dote y con devoción
Con su propia dotación

(6) *Sie verlangen Sprachkenntnisse*:
Vd. puede prescindir del alemán
Vd. aprende el alemán
Dominio del alemán imprescindible

(7) *„Sofortige Einstellung"*:
Compromiso inmediato con
Incorporación inmediata en
Contrato inmediato de

(8) *Ihr Gehaltsangebot*:
Salario fijo + participación
Fijo + incentivos
Remuneración + estímulo

WENDUNGEN

Ein Stellenangebot formulieren

Se necesitan representantes.	*(Mehrere) Vertreter gesucht.*
Buscamos secretaria bilingüe.	*Wir suchen eine zweisprachige Sekretärin.*
Editorial precisa...	*Verlag sucht ...*
Se precisa ejecutivo.	*Führungskraft gesucht.*
Empresa desea incorporar vendedores.	*Unternehmen wünscht mehrere Verkäufer einzustellen.*
Empresa líder del sector contrata ingeniero técnico.	*Führendes Unternehmen der Branche sucht (Fach-)Ingenieur.*

Eine Stelle beschreiben

Se requiere/exige amplia experiencia.	*Erwartet/Verlangt wird umfassende Erfahrung.*
El perfil del cargo es el siguiente:	*Das Aufgabengebiet/Anforderungsprofil umfasst:*

La jornada laboral es de ocho horas.	*Die Arbeitszeit beträgt acht Stunden täglich.*
Proponemos un trabajo de media jornada.	*Wir bieten eine Halbtagsstelle.*
Se trata de un trabajo de dedicación plena (exclusiva).	*Es handelt sich um eine Vollzeittätigkeit.*
En los bancos la jornada es continua (intensiva).	*Bei den Banken wird durchgehend gearbeitet.*

Gehaltsvorschläge machen

Proponemos...	*Wir bieten ...*
un fijo y comisiones	*Festgehalt/Fixum und Provision*
una retribución anual de/ingresos anuales de...	*ein Jahreseinkommen in Höhe von ...*
según valía y experiencia	*gemäß Qualifikationen und Erfahrung*
Retribución a convenir según aptitudes	*leistungsgerechte Bezahlung*
La remuneración anual mínima será del orden de...	*Das Jahresmindestgehalt wird ... betragen.*
dietas en caso de desplazamiento	*Reisespesen*

Bewerbungsformalitäten

Los interesados deben dirigir su carta manuscrita adjuntando currículo, referencias y foto al Apartado de Correos 100 Madrid indicando en el sobre la referencia BAO.	*Die Interessenten werden gebeten, ihre handgeschriebene Bewerbung sowie Lebenslauf, Referenzen und Lichtbild mit dem Hinweis BAO an folgende Adresse zu schicken: Postfach 100, Madrid.*
Todas las solicitudes serán contestadas y estudiadas aquéllas que se ajusten a nuestros requisitos.	*Wir werden alle Bewerbungen beantworten und diejenigen, die unseren Erfordernissen entsprechen, genauer prüfen.*
Rogamos se abstengan los candidatos que no reúnan los requisitos indicados.	*Wir bitten alle, die die genannten Voraussetzungen nicht erfüllen, von einer Bewerbung abzusehen.*
Se garantiza absoluta discreción.	*Wir sichern absolute Diskretion zu.*

ANMERKUNGEN

➔ Zögern Sie als Frau nicht, sich auch um Stellen zu bewerben, die nur für männliche Kandidaten ausgeschrieben sind. In Spanien hat sich die weibliche Berufs- bzw. Amtsbezeichnung noch nicht durchgesetzt, obwohl im Prinzip alle männlichen Formen mittels der Endung **-a** in eine weibliche Form umgewandelt werden können: **director, directora...**

→ Die Wendung **se precisa** entspricht dem deutschen *gesucht wird.* Beachten Sie, dass in den Formen **busco ejecutivo/secretaria** nicht die Präposition **a** steht; im Fall von **busco a mi secretaria** handelt es sich um eine ganz bestimmte Person.

→ **Ejecutivo de ventas** wird mit *Vertriebsleiter* übersetzt. **Directivo** ist *ein leitender Angestellter.*

→ Verwechseln Sie nicht **título** mit **diploma**; **diploma** bezieht sich auf *Zeugnisse* im Allgemeinen, **título** nur auf *Hochschulabschlüsse.*

→ Mit **la plantilla** ist *der Mitarbeiterstab* eines Büros oder einer Produktionseinheit gemeint, im weiteren Sinne fallen darunter alle Mitarbeiter(innen) einer Firma.

→ **Un fijo** wird als Synonym von **un sueldo** oder **un salario** verwendet.

→ Verwechseln Sie nicht **apartado de Correos** – *Postfach* mit dem Ausdruck **lista de Correos** – *postlagernd.*

SIE SIND DRAN!

Vervollständigen Sie die nachstehenden Anzeigentexte:

SE (1) ____________ dos vendedores para zona Centro.
SU (2) ____________ : se encargarán de la distribución de productos alimentarios.
SE (3) ____________ : amplia experiencia y vehículo propio.
SE (4) ____________ : buena (5) ____________ compuesta de un
(6) ____________ + comisiones.

Empresa informática (7) ____________ ingeniero.
SE (8) ____________ : Título de Ingeniero Superior de Telecomunicación o Industriales.
OFRECEMOS: (9) ____________ inmediata en equipo dinámico.
(10) ____________ a convenir según experiencia y valía del candidato.

Lösung auf Seite 162

24 BEWERBUNG (II)

Eine der Bewerbungen, die Frau Hernández erhält, entspricht der Stellenbeschreibung und klingt sehr vielversprechend.

Fermín Carrascosa del Valle
Plaza del 7 de julio, n° 8
28028 - Madrid

DISTRIBUCIÓN/
REPRESENTACIÓN
Apdo. de Correos
23456 – Madrid

Madrid, 12 de octubre de 20…

Estimados señores:

(1) ___________ anuncio publicado en el suplemento de "Asuntos y Negocios" del 7 del corriente, me permito dirigirles la presente (2) ___________ de Ejecutivo de Ventas de su empresa.

(3) ___________ los documentos adjuntos, obtuve el título de Licenciado en Económicas por la Universidad de Madrid (Rama de Empresariales). Después de cumplir mi servicio militar, realicé un curso en Austria ampliando estudios. Luego (4) ___________ durante cinco meses en el Departamento de Ventas de Nilones & Nilanas España S.A. Desde entonces y hasta hace dos meses (5) ___________ de Responsable de Ventas de la División "Sintéticos" en dicha empresa. Adquirida por la multinacional japonesa Kenones, esta última acaba de realizar una drástica reducción de personal y me encuentro actualmente en paro.

(6) ___________ ofrecido por Vds. y me gustaría (7) ___________ ya que mi perfil creo corresponde a las características propuestas.

(8) ___________ , les saluda atte.

Fermín Carrascosa del Valle

Brief 32: Lösung auf Seite 156

Helfen Sie dem Bewerber, auf die Zeitungsannonce zu antworten. Wählen Sie die jeweils richtige Wendung aus den Begriffsgruppen aus.

(1) *Sie beziehen sich auf eine Stellenanzeige*:
A continuación del
Después del
En relación con el

(2) *Sie bewerben sich für die Stelle*:
con el fin de sacar un acta de la candidatura
a fin de proponer mi candidato
con el fin de solicitar el puesto

(3) *Sie verweisen auf Ihre Referenzen*:
Como no dejará de notar en
Como podrá apuntar en
Como podrá comprobar por

(4) *Sie erwähnen ein Praktikum*:
estuve de practicante
hice un período de prácticas
practiqué

(5) *Sie nennen eine vorangegangene Anstellung*:
desempeñé el cargo de
soporté la carga del
estuve de encargado del

(6) *Sie formulieren Ihre Gründe*:
Estoy particularmente interesado por el puesto
El puesto me motiva
El puesto me interesa bastante

(7) *„zu den Mitarbeitern zu gehören"*:
aumentar la plantilla
formar parte de la plantilla
formar a parte del personal

(8) *„In Erwartung einer baldigen Antwort"*:
En espera de una pronta respuesta
Contéstenme rápido
En espera de su contestación inmediata

WENDUNGEN

Sich bewerben

Me permito solicitar el puesto/el cargo...	*Ich möchte mich um die Stelle/den Posten ... bewerben.*
En contestación a su anuncio...	*Ich beziehe mich auf Ihre Anzeige und ...*
Tras la publicación de su anuncio en...	*Ich beziehe mich auf Ihre Anzeige in ... und ...*

Interesse bekunden

Estoy particularmente interesado/-a por el puesto de...	*Ich bin besonders an der Stelle einer/-s ... interessiert.*
Tengo mucho interés en...	*Ich bin sehr interessiert an ...*

Von sich selbst und seiner beruflichen Erfahrung sprechen

durante estos últimos años	*während der letzten Jahre*

Desempeñé el cargo de...	*Ich war tätig als ...*
Adquirí una amplia experiencia en el campo comercial.	*Ich habe umfassende/langjährige Erfahrung im Handelsbereich erworben.*
Hice un período de prácticas en el extranjero.	*Ich habe ein Praktikum im Ausland absolviert.*
Seguí varios cursillos de especialización/perfeccionamiento.	*Ich habe an verschiedenen Fortbildungslehrgängen teilgenommen.*
Creo poseer las aptitudes necesarias para ocupar el puesto vacante.	*Ich glaube, die notwendigen Fähigkeiten/die erforderliche Kompetenz für die zu besetzende Stelle mitzubringen.*

Unglückliche Umstände erwähnen

Por estar en (el) paro/parado/-a/desempleado/-a...	*Da ich (zur Zeit) arbeitslos bin ...*
Como consecuencia de un despido colectivo...	*Infolge einer Massenentlassung ...*
Me han despedido por razones económicas.	*Ich wurde aus wirtschaftlichen Gründen entlassen.*

Auf zusätzliche Informationsmöglichkeiten hinweisen

Para mayor información, podrá dirigirse a...	*Für weitere Informationen wenden Sie sich bitte an ...*
Puede(n) pedir informes...	*Sie können ... um Informationen/Auskunft bitten.*
Estoy a su disposición para cualquier información.	*Ich stehe Ihnen für jegliche Auskunft zur Verfügung.*
Le(s) adjunto referencias de entidades y personas que testimonian de mi capacidad/eficacia/seriedad.	*Ich lege Ihnen Referenzen von Firmen und Personen bei, die meine beruflichen Fähigkeiten/meine Leistungen/meine Zuverlässigkeit bezeugen (können).*

Schlussformeln

Estoy/Me pongo a su entera disposición.	*Ich stehe ganz zu Ihrer Verfügung.*
En espera de sus noticias...	*In Erwartung Ihrer Nachricht ...*
En espera de una respuesta afirmativa...	*In Erwartung einer positiven Antwort ...*
Esperando que mi solicitud sea de su interés...	*In der Hoffnung, mit meiner Bewerbung Ihr Interesse zu wecken ...*

Eine Bewerbung annehmen

Nos es grato comunicarle...	*Wir freuen uns, Ihnen mitteilen zu können ...*
Nos complace comunicarle...	*Wir freuen uns, Ihnen mitzuteilen ...*

Eine Bewerbung ablehnen

Lamentamos comunicarle que...	*Es tut uns Leid,/Wir bedauern, Ihnen mitteilen zu müssen, dass ...,/Leider müssen wir Ihnen mitteilen, dass ...*

ANMERKUNGEN

→ **En relación a** bedeutet wörtlich *in Bezug auf.*

→ Die Wendungen **con el fin de** und **a fin de** sind gleichbedeutend: *damit, um ... zu.*

→ Das Wort **prácticas** wird im Deutschen mit *Praktikum* übersetzt, während das Wort **cursillo** für einen *Aus-* bzw. *Fortbildungslehrgang* steht.

→ **Estar de**, gefolgt von einer Berufsbezeichnung, bedeutet *arbeiten als, tätig sein als.*

→ Verwechseln Sie nicht **despedir a alguien** – *jdn entlassen* mit **despedirse de alguien** – *sich von jdm verabschieden.*

SIE SIND DRAN!

Vervollständigen Sie die folgenden Bewerbungsschreiben:

En (1) ____________ con su (2) ____________ publicado en el suplemento de Vogue en Buga bajo la ref. LI-0, tengo el honor de (3) ____________ el (4) ____________ de Secretaria Ejecutiva. Como podrá comprobar (5) ____________ mi currículo, (6) ____________ de haber hecho un período de (7) ____________ en Estados Unidos, (8) ____________ perfectamente el inglés y estoy (9) ____________ interesada (10) ____________ el puesto que proponen.

En (11) ____________ a su anuncio, tengo el honor de (12) ____________ el (13) ____________ de Administrativo de 3ª en su empresa. Aunque estoy actualmente en (14) ____________ por (15) ____________ económicas, tengo una (16) ____________ experiencia en este campo, como podrá (17) ____________ por mi curriculum.

Lösung auf Seite 162

25 ELEKTRONISCHE KORRESPONDENZ

Ein Fachmagazin bittet Frau Hernández per E-Mail um Produktinformationen für einen Fachartikel. Frau Hernández möchte der Redaktion die gewünschten Unterlagen auf elektronischem Wege zukommen lassen.
Um mit der Entwicklung Schritt zu halten, möchte nun auch das Unternehmen Zagala S.A. seine eigene Webseite. Frau Hernández wendet sich deshalb in einer zweiten E-Mail an einen Internetanbieter.

Subject: **información ZAGALA S.A.**
Date: Wed, 29 Oct 20... 09:27
From: hern@zagala-cam.es
To: moda@claro.es

Estimados señores:

(1) ____________ la empresa ZAGALA S.A. quisiera agradecerles el gran interés que están mostrando por sus productos.

(2) ____________ encontrarán (3) ____________ : Un catálogo detallado de nuestros artículos y (4) ____________ a los que podrán acceder - en formato WORD - a través de los ficheros *product.doc* y *precios.tab* respectivamente.

Asimismo podremos hacerles llegar, a través de esta misma sección, las fotografías de nuestros artículos, siempre y cuando nos indiquen de qué (5) ____________ disponen.

Si desean información más específica o aclarar cualquier tipo de cuestión, no duden en contactar con nosotros de nuevo a través de nuestro buzón de (6) ____________ : hern@zagala-cam.es.

Susana Hernández

E-Mail 33: Lösung auf Seite 157

Helfen Sie nun Frau Hernández, die E-Mail zu vervollständigen, indem Sie jeweils einen der folgenden Begriffe auswählen.

(1) *„an erster Stelle":*
Al principio
Ser el primero
En primer lugar

(2) *Sie verweisen auf Ihre Internetseiten:*
En el cuaderno
En estas páginas
En determinadas hojas

(3) *Sie beziehen sich auf die vom Kunden gewünschte Information:*
la información que Vds. habían solicitado
las ideas que Vds. nos piden
las buenas nuevas demandadas por su empresa

(4) *Sie weisen auf die betreffende Preisliste hin:*
la correspondiente lista de precios
el listado respectivo
el índice de precios al consumo

(5) *Sie beziehen sich auf das Grafikformat:*
fotograma
formato gráfico
fotografía

(6) *„elektronische Korrespondenz":*
correo electrónico
cartas electricas
correspondencia comercial

Subject: **página web**
Date: Wed, 29 Oct 20… 15:27
From: hern@zagala-cam.es
To: Alarcos@internovo.es

Estimado señor Alarcos:

Nuestra empresa - dentro de su nueva campaña de márketing - desea ofrecer a partir de ahora a sus clientes los servicios tecnológicos más avanzados. Por ello (1) ___________ es incorporarnos a Internet con (2) ___________ propia.

(3) ___________ porque naturalmente deseamos que nuestra página sea promocionada adecuadamente y consultada por el mayor número de visitantes posibles.

Dado que confiamos plenamente en su profesionalidad como (4) ___________ especializado en software para Internet, nos gustaría se ocupara Vd. mismo del diseño y la creación de nuestra página web. (5) ___________ le enviamos el logotipo de nuestra empresa e (6) ___________ que esperamos le sean de utilidad.

En espera de sus noticias, nos despedimos muy atentamente

Susana Hernández

E-Mail 34: Lösung auf Seite 157

Vervollständigen Sie nun auch diese E-Mail mit den richtigen Wendungen.

(1) *Sie sprechen Ihren Wunsch aus:*
nuestra intención
nuestra entera satisfacción
nuestra deseabilidad

(2) *Sie beziehen sich auf eine Internet-/ Webseite:*
en un sector del Internet
una página web
en una hoja web

(3) *Sie wenden sich an jemanden:*
Nos mostramos interesados en Vd.
Nuestro contacto establecido
Nos dirigimos a Vd.

(4) *„Internetanbieter"*
surtidor
ofrecedor
servidor

(5) *Sie verweisen auf Anlagen:*
Adjunto
Además
Adicionalmente

(6) *Sie bieten zusätzliche Information an:*
sumado interés
información adicional
intereses creados

WENDUNGEN

Sich im Internet bewegen

navegar en Internet	*im Internet surfen*
pedir acceso a Internet	*einen Internetzugang beantragen*
usuario/-a de Internet/de las páginas web	*Internetbenutzer/in*

Die eigene Webseite beantragen und ankündigen

hacer/diseñar/crear/generar una página web	*eine Internetseite/Webseite erstellen*
sitio web imprescindible para consultar las últimas noticias bursátiles	*die unverzichtbare Website für die Abfrage der aktuellen Börsennachrichten*
una página dedicada por completo al mercado inmobiliario de...	*eine Seite nur für den Immobilienmarkt von ...*
La empresa... se incorpora a Internet con una página web propia.	*Das Unternehmen tritt im Internet mit einer eigenen Seite auf.*
Si desea más información, no dude en conectar/contactar con nosotros a través de nuestro buzón de correo electrónico.	*Falls Sie weitere Informationen wünschen, zögern Sie nicht uns per E-Mail zu kontaktieren/mit uns per E-Mail Kontakt aufzunehmen.*
La empresa... les da la bienvenida a sus páginas web.	*Das Unternehmen heißt Sie auf seinen Internetseiten willkommen.*
En estas páginas (web) encontrará información detallada/específica/adicional sobre...	*Auf diesen (Internet-)Seiten finden Sie detaillierte/spezielle/zusätzliche Informationen zu ...*
Aquí dispone de/tiene un espacio para dirigirnos/sugerirnos cuantos comentarios desee: ...	*Hier haben Sie die Möglichkeit, uns Ihre Meinung mitzuteilen: ...*

Kommunizieren per E-Mail

direcciones de Internet	*Internetadressen*
recibir/envíar/contestar un mensaje	*eine Nachricht empfangen/senden/beantworten*
intercambiar mensajes	*Nachrichten austauschen*
el destinatario/el remitente del mensaje	*der Empfänger/der Absender der Nachricht*
importar archivos en formatos distintos/en su propio formato	*Dateien in einem anderen Format/in demselben Format importieren*

ANMERKUNGEN

➔ Verwechseln Sie nicht **al principio** – *am Anfang, anfangs* mit **en primer lugar** – *an erster Stelle, zuerst.*

➔ *Im Internet surfen* übersetzt man nicht mit „hacer surf en Internet", sondern mit **navegar en Internet**, auch wenn es sich in beiden Sprachen um Wortschatz aus dem Sportbereich handelt.

➔ Für **usted/ustedes** sind zwei Abkürzungen möglich: **Vd./Vds.** oder **Ud./Uds.**

➔ Beachten Sie, dass **dado que** + Indikativ mit *da* übersetzt wird: **Dado que confiamos en Vd....** – *Da wir Ihnen vertrauen, ...* Dagegen bedeutet **dado que** + „Subjuntivo" *(immer) wenn bzw. angenommen dass.*

➔ **Ser de utilidad** bedeutet *von Nutzen sein, nützlich sein.*

➔ Merken Sie sich, dass *die Firma* **la empresa** heißt: **la firma** bedeutet dagegen *die Unterschrift.*

➔ *Mailbox* heißt auf Spanisch **buzón (de correo electrónico)**.

SIE SIND DRAN!

A través de su (1) ____________ web en Internet me he enterado de su oferta especial de final de mes. Deseo me envíen información adicional (2) ____________ a los plazos y condiciones de entrega.

Le ofrecemos la más amplia gama de piezas de repuesto en el sector automovilístico. Si desea más (3) ____________ , no (4) ____________ contactar con nosotros a través de nuestro buzón de (5) ____________ electrónico.

Desde estas páginas, SUPERDEPOR le ofrece la (6) ____________ de acceder a una selección de temas deportivos de actualidad clasificados por áreas. Si (así) lo (7) ____________ , aquí dispone de un espacio para (8) ____________ cuantos comentarios (9) ____________ : ...

Lösung auf Seite 162

26 TELEFONIEREN

Eine alltägliche Situation: Man versucht, jemanden in seinem Büro telefonisch zu erreichen, aber ohne Erfolg.

Secretaria:	Banco Santander, Recursos Humanos ¿dígame?
Sra. Acevedo:	Hola, buenos días, soy Martha Acevedo, (1) ____________________ la señora María Elena Velarde, por favor.
Secretaria:	Lo siento la señora Velarde (2) ____________________ en este momento.
Sra. Acevedo:	Disculpe, (3) ¿ ____________________ a qué hora regresa?
Secretaria:	(4) ____________________ , está en una reunión y no sé cuanto puede durar.
Sra. Acevedo:	Hmmm, ¿podría hablar con el señor Raúl Torres, por favor?
Secretaria:	No, el señor Torres está de vacaciones y regresa en dos semanas. (5) ¿ ____________________ en algo?
Sra. Acevedo:	Sí, gracias, (6) ____________________ a la señora Velarde.
Secretaria:	Sí, (7) ____________________ .
Sra. Acevedo:	Dígale que se comunique conmigo en cuanto pueda, necesito saber si ella asistirá a la reunión del día 25 o si enviará a un representante.
Secretaria:	Disculpe, (8) ¿ ____________________ ?
Sra. Acevedo:	Martha Acevedo, del Banco Central.
Secretaria:	¿La señora Velarde tiene su número de teléfono?
Sra. Acevedo:	Sí, pero (9) ____________________ le voy a dejar el número de mi móvil, es el 0-1-9-9-6-5-4-8-4-7-3.
Secretaria:	Bien, señora Acevedo, (10) ____________________ a la señora Velarde en cuanto ella se desocupe.
Sra. Acevedo:	Muchas gracias.
Secretaria:	De nada, a usted.
Sra. Acevedo:	Adiós.
Secretaria:	Adiós.

Gespräch 35: Lösung auf Seite 158

Ergänzen Sie die fehlenden Elemente im Dialog mit Hilfe folgender Vorschläge.

(1) *„ich möchte gern mit … sprechen“:*
querría hablar con
quieres hablar con
quisiera hablar con

(2) *„sie ist nicht am Platz“:*
no se encontraba
no se encontró
no se encuentra

(3) *„können Sie mir sagen …?“*
podría decirme
podrá decirme
le puede decir

(4) *Etwas nicht wissen:*
No puedo decirle
No se sabe
No sabría decirle

(5) *„Kann ich Ihnen helfen?“*
¿Puedo ayudarte…?
¿Le ayudo…?
¿Puedo ayudarle…?

(6) *„ich möchte eine Nachricht hinterlassen“:*
me gusta almacenar una información
quisiera dejarle un mensaje
quiero dejarle una noticia

(7) *Hilfsbereitschaft zeigen:*
con mucho gusto
por supuesto, ¿dígame?
¿qué debo decirle?

(8) *Nach dem Namen fragen:*
¿podría repetirme su nombre?
¿cómo se dice?
¿cómo dijo que era su nombre?

(9) *„auf jeden Fall“:*
de todas formas
por si acaso
de cualquier manera

(10) *„ich werde es ihr ausrichten“:*
le llamaré
le daré su mensaje
le ajustaré

WENDUNGEN

Sich melden, wenn das Telefon klingelt

… bei Anruf von extern:

Banco Santander, Recursos Humanos, buenos días. — *Banco Santander, Personalabteilung, guten Tag.*
Librería Studium, ¿dígame? — *Librería Studium, guten Tag.*

… bei internem Anruf oder auf privatem Apparat:

Hola, ¿dígame? — *Hallo?*
Sí, ¿dígame? — *Ja, bitte?*

Antworten, wenn sich der Gesprächspartner gemeldet hat

Buenos días, soy Martha Acevedo del Banco Central.	*Guten Tag, hier ist Martha Acevedo von der Banco Central.*
Buenas tardes, mi nombre es Martha Acevedo.	*Guten Tag, mein Name ist Martha Acevedo.*
Hola, buenos días. Llamo de la empresa Iberia.	*Guten Tag, ich rufe im Auftrag der Firma Iberia an.*
Hola Elena, soy Martha Acevedo.	*Hallo Elena. Hier ist Martha Acevedo.*
Hola. ¿Puedo hablar con Elena?	*Hallo. Kann ich bitte mit Elena sprechen?*

Nach dem Namen fragen

... wenn der Name noch nicht genannt wurde:

¿Con quién estoy hablando, por favor?	*Mit wem spreche ich, bitte?*
¿Hablo con ...?	*Spreche ich mit ...?*
– Sí, con el mismo./Sí, soy yo.	*– Am Apparat.*

... wenn man den Namen nicht verstanden hat oder man weiterverbinden soll:

¿Podría repetirme su nombre, por favor?	*Könnten Sie bitte Ihren Namen wiederholen?*
¿De parte de quién?	*Wer ist am Apparat?*
¿Perdón, quién le llama?	*Entschuldigung, wer möchte ihn/sie sprechen?*

Nach dem richtigen Gesprächspartner suchen

Quisiera hablar con el Sr./la Sra. ...	*Ich möchte mit Herrn/Frau ... sprechen.*
¿Podría comunicarme con el Sr./la Sra. ...?	*Können Sie mich bitte mit Herrn/Frau ... verbinden?*
Quisiera hablar con la persona encargada del departamento de Mercadotecnia.	*Ich möchte mit der zuständigen Person der Marketingabteilung sprechen.*
Tengo una pregunta sobre una factura. ¿Podría usted ayudarme?	*Ich habe eine Frage bezüglich einer Rechnung. Könnten Sie mir da helfen?*

Weitervermitteln

Un momento, le comunico con el Sr./la Sra. ...	*Einen Augenblick, ich verbinde Sie mit Herrn/Frau ...*
Le paso con él/ella.	*Ich stelle Sie durch.*
Le comunico con la persona que le puede ayudar.	*Ich verbinde Sie mit jemandem, der Ihnen weiterhelfen kann.*
No cuelgue, por favor.	*Bleiben Sie bitte am Apparat.*
Manténgase en la linea, voy a tratar de localizar al Sr./a la Sra. ... por el otro teléfono.	*Legen Sie bitte nicht auf, ich versuche Herrn/Frau ... auf der anderen Leitung zu erreichen.*
Ahora se pone.	*Er/Sie kommt gleich ans Telefon.*

Der Gesprächspartner ist nicht erreichbar

El Sr./La Sra. … se encuentra en una reunión.	*Herr/Frau … ist in einer Besprechung.*
… no se encuentra en su oficina.	*… ist nicht in seinem/ihrem Büro.*
… salió a una cita.	*… hat einen Termin.*
… está de vacaciones.	*… ist in Urlaub.*
… no trabaja más en la empresa.	*… arbeitet nicht mehr in dieser Firma.*
El Sr./La Sra. … no puede atenderle en este momento.	*Herr/Frau … ist gerade nicht zu sprechen.*
¿Desea hablar con su asistente?	*Möchten Sie mit seinem/ihrem Assistenten sprechen?*
La línea está ocupada, espere un momento, por favor.	*Da ist besetzt. Können Sie einen Augenblick warten?*

Hilfe anbieten, wenn jemand nicht erreichbar ist

¿Puedo ayudarle en algo?	*Kann ich Ihnen helfen?*
¿Quiere usted esperar?	*Möchten Sie warten?*
– Yo le llamo después.	*– Ich rufe später noch einmal an.*
– ¿A qué hora podría localizarle?	*– Wann kann ich ihn/sie erreichen?*
¿Desea dejar un mensaje?	*Möchten Sie eine Nachricht hinterlassen?*
– Si, dígale, por favor, …	*– Ja, sagen Sie ihm/ihr bitte, …*
– Dígale que me devuelva la llamada lo más pronto posible. Es urgente.	*– Könnte er/sie mich so bald wie möglich* zurückrufen? Es ist dringend.
Le informaré que usted ha llamado	*Ich werde ihm/ihr ausrichten, dass Sie angerufen haben.*
Le diré que le devuelva la llamada.	*Ich werde ihm/ihr sagen, dass er/sie Sie zurückrufen soll.*

Falsch verbunden

Lo siento, aquí no trabaja ningún Sr. …/ninguna Sra. …	*Es tut mir Leid, hier gibt es keinen Herrn …/keine Frau …*
No es aquí, se ha equivocado.	*Sie sind hier falsch, Sie haben sich verwählt.*
Número equivocado.	*Sie haben die falsche Nummer.*
No conozco ningún Sr. …/ninguna Sra. … en este departamento. Pregunte en nuestra central.	*Ich kenne keinen Herrn …/keine Frau … in dieser Abteilung. Erkundigen Sie sich bitte in unserer Zentrale.*
El Sr./La Sra. … no trabaja en este departamento, le comunico con el correcto.	*Herr/Frau … arbeitet nicht hier. Ich verbinde Sie mit der richtigen Abteilung.*

Verständigungsschwierigkeiten

¿Cómo dice?	*Wie bitte?*
Disculpe, no le entiendo.	*Entschuldigung, das habe ich nicht verstanden.*
¿Podría repetirlo, por favor?	*Könnten Sie das bitte wiederholen?*
Disculpe, no hablo muy bien español. ¿Podría hablar más despacio, por favor?	*Entschuldigung, aber ich spreche nicht gut Spanisch. Könnten Sie bitte langsamer sprechen?*
¿Podría deletrearlo, por favor?	*Könnten Sie das bitte mal buchstabieren?*
No le escucho con claridad, ...	*Ich kann Sie nicht gut verstehen ...*
... ¿podría intentar su llamada más tarde?	*... können Sie es später noch einmal versuchen?*
... hable más alto, por favor.	*... können Sie bitte lauter sprechen?*

Sonstige Schwierigkeiten

Disculpe, tengo una llamada (urgente) por la otra linea, ...	*Entschuldigen Sie, ich erhalte gerade einen (dringenden) Anruf auf der anderen Leitung, ...*
... no cuelgue.	*... legen Sie bitte nicht auf.*
... ¿puede llamar más tarde?	*... können Sie bitte später nochmals anrufen?*
En este momento tengo una cita. ¿Puedo devolverle la llamada más tarde?	*Ich habe gleich einen Termin. Kann ich Sie zurückrufen?*

Mobiltelefon

Puede llamar al Sr. .../a la Sra. ... a su móvil.	*Sie können Herrn/Frau ... auf seinem/ihrem Handy erreichen.*
¿Puede darme el número de su móvil?	*Können Sie mir bitte seine/ihre Handynummer geben?*
El/Ella tiene su móvil apagado.	*Sein/Ihr Handy ist nicht an.*
Déjele usted un mensaje en su buzón o envíele un SMS a su móvil.	*Hinterlassen Sie ihm/ihr eine Nachricht auf der Mailbox oder schicken Sie ihm/ihr eine SMS.*
¿Ha recibido usted mi SMS?	*Haben Sie meine SMS erhalten?*
La batería de mi móvil está baja, le llamo después.	*Mein Akku ist fast leer, ich rufe später noch einmal an.*
La comunicación se va a cortar, estoy entrando en un túnel.	*Die Verbindung wird gleich weg sein, ich fahre gerade in einen Tunnel.*

Das Gespräch beenden

Muchas gracias por su llamada.	*Vielen Dank für Ihren Anruf.*
Le agradezco su atención.	*Ich danke Ihnen für Ihre Mühe.*
Gracias por su ayuda.	*Danke für Ihre Hilfe.*
De nada, a usted.	*Gern geschehen./Keine Ursache.*
Está bien, gracias.	*Schon in Ordnung, danke.*
Adiós.	*Auf Wiederhören.*

Anrufbeantworter

Buenos días. Usted ha sido comunicado con el buzón electrónico/el contestador de...	*Guten Tag. Sie sind verbunden mit der Mailbox/dem Anrufbeantworter von ...*
En este momento no podemos atenderle	*Unser Büro ist zur Zeit nicht besetzt.*
Usted está llamando fuera de nuestro horario de servicio.	*Sie rufen außerhalb unserer Geschäftszeiten an.*
Lo siento en este momento no puedo atender su llamada.	*Leider bin ich zur Zeit nicht erreichbar.*
Todas nuestras lineas están ocupadas.	*Zur Zeit sind alle Leitungen besetzt.*
No cuelgue, por favor. Le comunicamos con un colega que le atenderá de inmediato.	*Legen Sie bitte nicht auf. Sie werden gleich mit einem freien Mitarbeiter verbunden.*
Después de escuchar la señal, deje su mensaje, nosotros le llamaremos en cuanto nos sea posible.	*Bitte hinterlassen Sie nach dem Signalton eine Nachricht, wir rufen Sie baldmöglichst zurück.*

Eine Nachricht auf dem Anrufbeantworter hinterlassen

Buenos días, mi nombre es Ricardo Estrella de Seguros Continental.	*Guten Tag, mein Name ist Ricardo Estrella von Seguros Continental.*
Quisiera confirmar...	*Ich möchte ... bestätigen.*
Mi teléfono es el...	*Meine Telefonnummer ist ...*
Agradecería que me devolviera la llamada.	*Würden Sie mich bitte zurückrufen?*
Muchas gracias. Adiós.	*Vielen Dank, auf Wiederhören.*

ANMERKUNGEN

→ In spanischsprachigen Länder meldet man sich bei privaten Telefongesprächen oder firmeninternen Gesprächen nicht mit Vor- und Nachnamen, sondern einfach nur mit: **Hola, ¿dígame?** oder **Sí, ¿dígame?**
Der Ausdruck **dígame** heißt wörtlich übersetzt: „Sagen sie mir" und wird lediglich in Spanien benutzt. Im Deutschen gibt es dafür keine Entsprechung.
In Lateinamerika sagt man nur **¿aló?**

→ Der für die Begrüßung verwendete Ausdruck hängt im Spanischen von der Tageszeit ab: **buenos días** sagt man bis zum Mittagessen, **buenas tardes** nachmittags (solange es noch nicht dunkel ist), abends heißt es dann **buenas noches**.

Achtung! **Buenos días**, **buenas tardes** und **buenas noches** kann man ebenso zur Begrüßung wie zum Abschied sagen.

→ Zum genauen Buchstabieren, insbesondere von Namen, benutzt man gern Städtenamen, z. B. **A de Avila**, **B de Barcelona**, **C de Cáceres**, **D de Denia** etc.

Sie können aber auch das folgende Buchstabieralphabet verwenden:

A	Antonio	**J**	José	**R**	Ramón
B	Barcelona	**K**	Kilo	**S**	Sábado
C	Carmen	**L**	Lorenzo	**T**	Tarragona/Teruel
Ch	Chocolate	**Ll**	Llobregat	**U**	Ulises
D	Dolores/Daniel	**M**	Madrid	**V**	Valencia
E	Enrique/España	**N**	Navarra/Navidad	**W**	Washington
F	Francia	**Ñ**	Ñoño	**X**	Xiquena
G	Gerona	**O**	Oviedo	**Y**	Yagüe/Yegua
H	Historia	**P**	París	**Z**	Zaragoza
I	Inés	**Q**	Querido		

→ Telefonnummern werden in den spanischsprachigen Ländern in Zehnerziffern oder auch einzelnen Ziffern angegeben. Also zum Beispiel:
48 56 30 11 = **cuarenta y ocho - cincuenta y seis - treinta - once** oder auch **cuatro - ocho - cinco - seis - tres - cero - uno - uno**.
Um sicher zu gehen, dass Sie die Nummer richtig verstanden haben, sollten Sie am besten alle Ziffern nochmals einzeln wiederholen:
Le repito otra vez: 4-8-5-6-3-0-1-1. ¿Es correcto?

SIE SIND DRAN!

Was sagt man am Telefon in welcher Situation? Ordnen Sie zu:

Redeanlass

1. Begrüßung
2. Verabschiedung
3. Einen Termin verschieben
4. Einzelheiten zu einer Besprechung oder einem Termin erfragen
5. Einen Termin bestätigen
6. Sich für Informationen oder Hilfe bedanken
7. Sich am Telefon melden

Was man sagt:

a. Muchas gracias
b. ¿Cuándo es la entrevista?
¿Por quién pregunto?
c. No puedo asistir a la cita, ¿Podemos quedar en otro momento?
d. Buenos días, dígame.
Hola, buenas tardes.
e. Adiós
f. Banco Santander, Recursos Humanos.
Soy María Elena Velarde.
g. ¿Me podría decir...?
¿Me podría confirmar...?

Im Folgenden sind vier typische Situationen bei Telefongesprächen wiedergegeben. Füllen Sie die Lücken.

Verbinden

Ring, ring.
Madre de Carmen: ¿Dígame?
Inés: ¿Está Carmen, por favor?
Madre de Carmen: Sí, (1) ¿ ____________ ?
Inés: Soy Inés, una compañera de clases.
Madre de Carmen: Un momento, por favor, (2) ____________________ .

Der Gesprächspartner ist nicht erreichbar

Ring, ring.
Secretaria: Buenos días, ¿dígame?
A. Molina: ¿Está el señor Ramirez, por favor?
Secretaria: (3) ¿ ____________ ?
A. Molina: Soy Alberto Molina de Seguros Continental.
Secretaria: El Sr. Ramirez está en una reunión, (4) ¿ ____________ ?
A. Molina: Sí, por favor, dígale que me llame que es urgente.
Secretaria: Sí, claro, le diré que (5) ____________
A. Molina: Muchas gracias, adiós.
Secretaria: De nada, adiós.

Schlechte Verständigung

Ring, ring.
Pablo: Sí, ¿dígame?
Nuria: ¿Está Pablo, por favor?
Pablo: Sí, (6) ____________ .
Nuria: Hola Pablo, soy Nuria.
Pablo: No te escucho con claridad, (7) ____________ .
Nuria: La batería de mi móvil está baja, (8) ____________ .
Pablo: Está bien, adiós.
Nuria: Adiós.

Falsch verbunden

Ring, ring.
Persona: ¿Dígame?
Pedro: ¿Está Juan, por favor?
Persona: ¿Juan? (9) ____________ .
Pedro: Perdón, gracias.
Persona: (10) ____________ , adiós.

Lösung auf Seite 162

MUSTERBRIEFE UND LÖSUNGEN

1 EIN TREFFEN VEREINBAREN

Brief 1 (formell)

Estimado señor:

(1) *Como ya tuve la oportunidad* de mencionarle por teléfono, tenemos la intención de ir a Madrid del 13 al 20 (2) *del mes que viene* para presentar nuestra colección a la que está cordialmente invitado (recibirá la tarjeta de invitación (3) *uno de estos días*). Con motivo de este viaje, sería para mí de un gran interés informarle personalmente de la línea de perfumería que hemos lanzado en esta temporada. Si está Vd. de acuerdo, podríamos (4) *concertar una cita* para el martes 14 en su oficina a las diez de la mañana. (5) *Si le plantea algún problema* o (6) *no le viene bien* por algún motivo, (7) *podríamos aplazar la entrevista* para (8) *cualquier otro día* de la semana en cuestión. (9) *Yo no tengo ningún inconveniente.* En ese caso, le agradecería que lo confirmara con mi secretaria.
(10) *En espera de sus noticias,* reciba un cordial saludo.

Brief 2 (informell)

(1) *Querida Petra*:

Te escribo porque (2) *pienso quedarme en* Madrid varios días (3) *con motivo del* desfile de modelos que hacemos todos los años por estas fechas y esta vez (4) *será en* el Palacio de Congresos durante los días 16 y 17. Yo llegaré hacia el 12 ó 13 y estaré allí hasta el 19. (5) *Aprovecho esta oportunidad* para mandarte con tiempo una invitación y para tener la ocasión de (6) *volver a vernos*, claro, (7) *si te apetece.* ¿Te acuerdas de aquel restaurante de la calle Florida a donde solíamos ir? Si te parece, (8) *podríamos quedar* allí para el 14 por la noche. De todas formas, te llamo por teléfono en cuanto llegue y confirmamos.
Un abrazo,

2 EINLADUNGEN

Brief 3 (formell)

(1) *Estimado Sr. Martinete*:

(2) *Es una satisfacción para nosotros* invitarle a la presentación de nuestra colección de otoño-invierno, acto que tendrá lugar en el marco del Salón del Prêt-à-Porter, el cual se celebra, como otros años, en el Palacio de Congresos y Exposiciones de Madrid durante los días 16 y 17 de noviembre.
(3) *Podrá encontrarnos en* el HALL n° 3, stand 213. Como en años anteriores, (4) *contamos con su presencia* y esperamos que la colección (5) *sea de su agrado.* (6) *Reiterándole nuestro agradecimiento* por su fidelidad, (7) *le saluda cordialmente*

Brief 4 (Einladungskarte)

Susana Hernández y
el equipo de Zagala
(1) *Agradecerá al Sr. Martinete su presencia* al cóctel que (2) *se celebrará en* el Salón Sierra Quebrada del Hotel Acapulco, Avda. de América, n° 1057 (3) *el próximo 15 de noviembre* a las siete y media de la tarde, con ocasión

del desfile de modelos de la nueva colección otoño-invierno.
(4) *Se ruega contestación.*

Tfno.: (982) 31 70 47

Brief 5 (informell)

Queridos Juan y Beate:

¿Cómo estáis? Ahí os mando una invitación para el desfile de modelos que hacemos todos los años y el cóctel que tendrá lugar después. Esta vez será el 15 y espero que vengáis sin falta.
Como el tiempo pasa sin darnos cuenta y (1) *llevo años sin ver* a los amigos de entonces, (2) *se me ha ocurrido* hacer una cena especial (3) *el 15 por la noche* a la que quiero invitaros los primeros. (4) *¿Qué os parece?* Me alegraría mucho de que pudiéramos reunirnos todos.
(5) *Un abrazo y hasta el 15.* No faltéis. Espero vuestra contestación.

3 EINLADUNGEN BEANTWORTEN

Brief 6 (formell)

Estimada Sra. Hernández:

(1) *Le agradezco* la invitación que me ha enviado con motivo de la presentación de sus nuevos modelos pero (2) *lamentablemente no podré asistir,* ya que (3) *me lo impiden* las nuevas funciones de mi cargo.
(4) *Le ruego disculpe mi ausencia* a este acontecimiento, que personalmente considero fundamental para la industria y el diseño de nuestro país. Le deseo toda clase de éxitos y espero una próxima ocasión para vernos.
Cordialmente,

Brief 7 (informell)

Querida Susana:

(1) *Muchas gracias por la* invitación para tu próximo desfile. (2) *Iremos encantados* porque (3) *ya sabes* que todo lo que haces nos interesa muchísimo.
Por otra parte, has tenido muy buena idea en reunirnos a todos los amigos de la época. (4) *Nos parece estupendo* y puedes contar con nosotros sin falta.
También me gustaría hablar contigo de un asunto.
Me imagino que nos veremos en el cóctel.
Un beso de mi parte y un abrazo de Juan. Hasta el 15.

4 AUSKÜNFTE EINHOLEN

Brief 8

Estimada señora:

(1) *Soy una periodista* del diario "El Imparcial" y (2) *me ocupo de* la Sección "Ropa". Siempre (3) *he seguido* con enorme interés sus creaciones y (4) *estoy especialmente interesada* en los modelos de la colección otoño-invierno ya que tengo la intención de hacer un artículo sobre las tendencias de la moda.
(5) *Le ruego me envíe* (a vuelta de correo, de ser posible) (6) *la mayor información* disponible sobre dichas prendas: tejidos, colores, y, siempre que pueda, respecto a (7) *los precios medios* de venta al público. (8) *Le agradecería me enviara* dicha información con fotos de algunos modelos, ya que me gustaría incluirlas en mi artículo y (9) *quisiera saber* si Vd. me autoriza a publicarlas.

Con mi agradecimiento anticipado y en espera de su respuesta.
Atentamente,

5 DANKESBRIEFE

Brief 9 (formell)

Estimado señor:

Quisiera (1) *manifestarle mi agradecimiento* por haber contestado (2) *tan rápidamente* a mi carta de la semana pasada (3) *en la que* le solicitaba informes sobre la empresa OLORES INTENSOS S.A. Éstos me han sido de una gran utilidad (4) *por su precisión* y le quedo, por ello, muy agradecido.
(5) *Sin otro particular* y, (6) *esperando serle útil* en cualquier ocasión, reciba mis más atentos saludos.

Brief 10 (informell)

Querida Petra:

¿Qué tal? (1) *Te mando esta tarjeta* con unas letras y estas flores (2) *para agradecerte que* me hayas dedicado esos días (3) *de los que guardaré* siempre un recuerdo inolvidable.
(4) *Si te encuentras con* Paco y Lucía por casualidad, (5) *dales las gracias* de mi parte (6) *por su acogida* tan cordial en su casa de campo y les dices (7) *que ya les he escrito* esta semana (8) *para agradecérselo* personalmente. Diles también (9) *que se animen a venir* contigo a verme algún fin de semana.
Llámame. (10) *Besos,*

6 ENTSCHULDIGUNGEN

Brief 11

Estimada Sra. Hernández:

Le escribo desde Berlín para pedirle (1) *disculpas* por (2) *haber faltado a* la entrevista del martes pasado que teníamos prevista en Madrid (3) *desde hace tiempo.* El avión en el que volaba tuvo una avería y fue desviado hacia Alicante y, desde entonces, he estado muy ocupado. En este momento me encuentro en Berlín por cuestión de negocios.
Puede creerme que (4) *lamento* mucho (5) *que no nos hayamos visto* en Madrid, pero puedo asegurarle que (6) *no ha sido culpa mía.* No sabe (7) *cuánto lo siento.* Espero que podamos volver a vernos en breve plazo.
Atentamente,

7 GEWERBLICHE ANGEBOTE

Brief 12

(1) ¡*Por fin, el programa que necesita* el sector textil!

A la atención de la Sra. Hernández.
Estimada señora:
(2) *Frente a la multitud* de soluciones informáticas (3) *totalmente inadecuadas* al sector textil, los programas concebidos por Teje-Maneje (4) *son los únicos capaces* de realizar todo tipo de dibujos, colores y tramas.
No sólo (5) *contamos con* un equipo de ingenieros altamente calificados, sino que nuestro volumen de ventas, realizado con empresas como Fiorelli S.A. y Jacke & Hose A.G., demuestra nuestra ya larga experiencia en el campo internacional. Disponemos, por otra

parte, de un completo servicio técnico y de formación.
Nos complace adjuntarle en anexo las posibilidades de nuestros sistemas y (6) *no dude en* consultarnos por teléfono a nuestra sede madrileña, donde la Srta. Fernández (7) *le atenderá* gustosamente.
En espera de sus noticias, reciba un cordial saludo.

8 ANFORDERN EINES KOSTENVORANSCHLAGS

Brief 13

Estimados señores:

Quisiéramos comunicarles por la presente que (1) *es nuestra intención abrir un concurso* restringido (2) *con vistas a* equipar con nuevo vestuario a las azafatas de nuestras líneas aéreas.
Les agradeceríamos que a la mayor brevedad posible y, (3) *con este propósito, nos enviaran* a nuestra sede central (Subdirección de Vestuario y Detalles) por correo certificado (4) *un presupuesto detallado* del material que aparece especificado en el Anexo n° 1 y según (5) *el pliego de condiciones* generales (6) *que les adjuntamos en anexo* (Anexo n° 2) y (7) *al que habrán de atenerse rigurosamente.*
(8) *Con nuestro agradecimiento anticipado* y en espera de su respuesta, les saluda atentamente

Anexos:
Anexo n° 1: Pliego técnico de condiciones
Anexo n° 2: Pliego general de condiciones

9 BERICHT ERSTATTEN

Brief 14 (Telefax)

Te mando este fax para decirte que (1) *acabamos de llegar* a Sevilla. (2) *Llevamos esperando dos días tus noticias* y no (3) *hemos podido* ver a nadie. Anoche, (4) *en cuanto llegamos* al aeropuerto, nos (5) *dimos cuenta de* que pasaba algo raro: (6) *la gente corría; los pasillos estaban llenos.* Habían suprimido todos los vuelos porque se había declarado una huelga sorpresa de controladores aéreos. Entonces, anulamos los billetes y nos fuimos a la estación, donde logramos coger un tren de noche, pero en pleno campo el tren se paró. (7) *Había habido* un atentado y no pudimos continuar hasta que acabaron de arreglar las vías. Fue imposible llegar a la cita que (8) *teníamos prevista* a las once con Pedro Martinete. Además, nos han dicho que aquí no suelen abrir por las tardes. Así que no sabemos qué hacer. Contéstanos rápido al número de fax del hotel ¿Nos quedamos y anulamos las otras citas o seguimos?

10 GLÜCKWÜNSCHE UND KONDOLENZBRIEFE

Brief 15 (Kondolenz)

Estimado cliente y amigo:

Estamos profundamente (1) *conmovidos* por (2) *el fallecimiento* del Sr. Soriano y (3) *muy afectados* por (4) *la triste noticia.* En nombre de todos y en el mío propio, quisiera enviarle (5) *mi sentido pésame.* Mis compañeros también (6) *le acompañan en el sentimiento* y (7) *me encargan le transmita* su sincero afecto en estos momentos tan dolorosos.

Brief 16 (Glückwünsche)

Querido amigo:

(1) *Al enterarme de* tu nombramiento de Director General por la revista "Nuestros Nuevos Triunfos" no sabes (2) *lo contenta que me he puesto.* (3) ¡*Me alegro por ti*! Quisiera mandarte (4) *mi enhorabuena* por este ascenso. (5) *Te deseo que tengas éxito* lo más rápidamente posible, tal como ha sido hasta ahora en todos los puestos que has ocupado con tanta eficacia.
Un abrazo,

11 RESERVIEREN, MIETEN

Brief 17

Estimados señores:

(1) *Les ruego reserven* diez (2) *habitaciones sencillas* con baño, del 12 al 13 de mayo inclusive, (3) *a nombre de la Sra. Hernández* de la empresa Zagala S.A. Una de ellas deberá ser exterior, (4) *con vista al* mar si fuera posible, y estar (5) *equipada con* TV y (un) vídeo. (6) *Necesitaría saber* igualmente si el pequeño salón "Rías Baixas", que ya hemos utilizado en otras ocasiones, estará libre en las fechas indicadas para realizar un seminario de ventas.
En caso de que tanto las habitaciones como el salón estuvieran disponibles en dichas fechas, (7) *les agradezco me envíen* confirmación (8) *a la mayor brevedad posible* por teléfono o fax a los números indicados anteriormente. Asimismo, les agradecería me comunicaran la lista de precios de las habitaciones (con y sin pensión completa) y del alquiler del salón sin ningún servicio adicional para poder ultimar con Vds. todos los detalles.
Atentamente,

12 BESTÄTIGUNG VON RESERVIERUNGEN

Brief 18

Estimada señora:

(1) *En respuesta a* su atenta carta del 27 de marzo, (2) *nos es grato* comunicarle que, (3) *conforme a sus instrucciones*, hemos reservado a nombre de su empresa diez habitaciones para el 12 y 13 del mes que viene y (4) *estamos seguros de que* quedarán plenamente satisfechos de su estancia en nuestro establecimiento.
(5) *En cuanto a* la reserva (6) *que nos piden* del Salón "Rías Baixas", le confirmamos que se encuentra a su disposición en las fechas indicadas por Vd.
(7) *Le adjunto*, por otra parte, tal como lo indica en su carta, un folleto con la lista de precios del hotel (8) *según temporada*, así como (9) *el importe diario del alquiler* del Salón sin servicios adicionales. Naturalmente, el coste total depende de éstos y, a modo indicativo, le incluyo algunos precios. No dude en consultarnos para cualquier información complementaria.
Atentamente,

13 BESCHWERDEN

Brief 19

Estimado señor:

(1) *Asombrada por* todos los inconvenientes sufridos en el hotel que Vd. dirige a lo largo de nuestro seminario de ventas realizado durante los días 12 y 13 del presente mes, (2) *me veo obligada a* manifestarle (3) *mi más total disconformidad con* las circunstancias en que éste se ha desarrollado.
(4) *No hay derecho a que* un establecimiento de esa categoría (5) *no haya cumplido las condiciones* que conjuntamente establecimos (6) *a principios del mes pasado.*
(7) *Habíamos quedado* en que todos los participantes dispondrían de una habitación individual. Algunos (8) *se han quejado* de que fueron instalados en habitaciones dobles y otros varios (entre ellos, nuestro Director de Ventas, el Sr. Lazarrón) del insuficiente servicio durante los descansos.
Todo esto me parece francamente lamentable, espero que no vuelvan a repetirse errores semejantes.
Atentamente le saluda

14 AUFTRÄGE, BESTELLUNGEN

Brief 20

Estimados señores:

(1) *En relación a la oferta* de su Director de Ventas, (2) *les ruego se sirvan* remitirnos los artículos de la nota de pedido incluida más abajo.
(3) *Respecto a las condiciones* de entrega, (4) *hemos de puntualizar* lo siguiente: (5) *el suministro de las mercancías* se realizará en el plazo más breve posible y (6) *siempre que* se produzca, (7) *a más tardar,* a quince días de recibido este pedido (8) *por encontrarnos* en pleno período de lanzamiento comercial. En caso contrario, nos veremos en la obligación de (9) *darlo por cancelado.*

PEDIDO CITADO

Modelo	Ref.	Cantidad	Precio
Oletumare	BO/BO	50	93,01 €
Vivaerbeti	AP/P	24	97,56 €
Andallá	TA/T	15	89,53 €

(10) *Rogándoles acusen recibo* del mismo, les saluda atte.

15 LIEFERBEDINGUNGEN

Brief 21

Estimados señores:

(1) *Refiriéndonos a* su escrito del 5 del corriente donde nos piden las condiciones de entrega, nos complace comunicarles que, para los volúmenes indicados por Vds., los precios que (2) *solemos aplicar* se entienden "Salida de Fábrica" (EXW). (3) *Por lo tanto,* las mercancías (4) *les serán despachadas* en las condiciones siguientes: (5) *embalaje incluido y porte a su cargo* a la mensajería que designen. (6) *Les aconsejamos recurran* a ATLANTIS por la fiabilidad y rapidez de sus envíos.
Para volúmenes más importantes, los precios especificados en anexo se entienden "Franco Transportista" (FRC) aeropuerto de Madrid-Barajas, (7) *corriendo a nuestro cargo* el transporte hasta el punto de entrega así como (8) *los trámites de aduana.*
Para cualquier información complementaria, no duden en consultarnos.

Esperando que estas condiciones les convengan, reciban un atento saludo.

16 AUFTRAGS-BESTÄTIGUNG

Brief 22

Estimados señores:

(1) *En conformidad con* su orden de pedido n° 0001, (2) *nos complace* comunicarles que se les remitirán los artículos siguientes:

Modelo	Ref.	Cantidad	Precio
Oletumare	BO/BO	50	93,01 €
Vivaerbeti	AP/P	24	97,56 €
Andallá	TA/T	15	89,53 €

El envío (3) *se efectuará* conforme a las condiciones mencionadas por Vds. en dicha orden y (4) *el plazo de entrega* será lo más breve posible, ya que a partir de la recepción de su pedido, hemos procedido (5) *a cumplimentarlo.* Les incluimos igualmente confirmación adjunta.
(6) *En cuanto a* los artículos de referencia TA/T, lamentamos informarles que (7) *no están disponibles,* en este momento, por causas (8) *ajenas a nuestra voluntad.* Su entrega (9) *se retrasará* algunos días.
Sin otro particular, se despide atte.

17 REKLAMATIONEN

Brief 23

Estimados señores:

Conforme a las indicaciones de nuestra nota de pedido, (1) *recibimos* su envío el pasado día 30, (2) *dentro del plazo previsto.* Sin embargo, lamentamos comunicarles que nos han enviado 50 artículos "Primavera" (ref. BO/I) que no corresponde a la ref. BO/BO pedida por nosotros, (3) *sino que además* han incluído 24 artículos P/PA que no hemos solicitado de ningún modo. Sin duda, (4) *se trata de una confusión* con los 24 "Herminia" (ref. A/PP), los cuales nos han llegado normalmente.
Por consiguiente, (5) *nos vemos obligados a rechazar* las siguientes mercancías:

- 50 artículos de ref. BO/I por no ser de conformidad
- 24 artículos de ref. P/PA no incluidos en nuestro pedido.

Unos y otros quedan a su disposición en espera de sus noticias.
En cuanto a los 32 de ref. BO/BO, sírvanse hacer todo lo necesario para que (6) *nos sean remitidos cuanto antes,* tal como habíamos convenido o, (7) *en su defecto,* considérenlos anulados.
Atentamente,

18 ZAHLUNG

Brief 24 (Zahlungsweise)

Estimados señores:

(1) *En respuesta a* su carta donde nos solicitan información sobre (2) *nuestras condiciones de pago,* nos es grato informarles que son las siguientes:
(3) *Para todo importe inferior a* 1.000 €, el pago se efectuará (4) *al recibir la factura* mediante talón bancario, giro postal o bancario, o transferencia a nuestra cuenta del Banco Pastizal.
(5) *En caso de que sobrepase* tal cifra, (6) *se le girará letra* por el valor correspondiente (7) *a treinta días vista* fecha factura.

Para cualquier información que necesiten (8) *pueden dirigir la correspondencia* a la atención del Sr. Carneiro, encargado de Clientes, Departamento de Contabilidad.
Esperando que estas condiciones les convengan, reciban un atento saludo.

Brief 25 (Übersendung von Rechnung und Wechsel)

Estimado cliente:

(1) *Tengo el gusto de remitirle* factura de fecha de hoy por un importe de 2.148,– € (2) (*impuestos incluidos*), correspondiente a su pedido n° 0001, de fecha del 21 de mayo.
Tras comprobación, nos complace comunicarle que (3) *le hemos acreditado* en su cuenta la cantidad de 766,– € (setecientos sesenta y seis euros) por sus devoluciones de material no conforme. Queda, por tanto, (4) *un saldo a favor nuestro*, que (5) *asciende a* 1.382,– € (mil trescientos ochenta y dos euros).
Con vistas a la liquidación de su cuenta, me permito girarle en el día de hoy a treinta días vista letra a su cargo por valor de 1.382,– €.
(6) *Confiando* en que dicha letra (7) *nos será devuelta tras aceptación*, le reitera un cordial saludo

19 EINEN KREDIT BEANTRAGEN

Brief 26

A la atención del Sr. director.

Estimado don Ignacio:

Como usted bien sabe, llevo ya más de veinte años confiándoles a usted y a sus colaboradores todas mis (1) *operaciones bancarias*, tanto las privadas como las relacionadas con la empresa Zagala S.A.
En esta ocasión me dirijo a usted para asesorarme acerca de la posibilidad de (2) *solicitar un préstamo*.
Mi hija Ana desea (3) *establecerse por su cuenta* y abrir una librería. Calculamos que necesitaría (4) *disponer de* un capital inicial aproximado de setenta y cinco mil euros para emprender su negocio.
Si a usted le parece bien, podríamos concertar una entrevista para la próxima semana y estudiar este asunto más a fondo, especialmente en lo que respecta al (5) *tipo de interés* y a la cuota y plazo de amortización.
Asimismo desearíamos informarnos más detalladamente sobre las garantías y/o (6) *avales* exigidos por su entidad.
Mi hija está muy ilusionada y desearía empezar cuanto antes. Por ello le ruego nos reciba a la mayor brevedad posible.
Muy atentamente,

20 MAHNSCHREIBEN

Brief 27

Estimados señores:

(1) *Nos permitimos recordarles* que (2) *el saldo de su cuenta sigue siendo positivo* por valor de 1.382,– € (mil trescientos ochenta y dos euros) (3) *a favor nuestro* desde nuestra última factura, (4) *ya que aún no hemos recibido respuesta* por su parte con aceptación del efecto que, por ese valor, se le giró con fecha del 20 del mes pasado. (5) *No dudamos de que se trata de* un retraso involuntario de su Departa-

mento de Contabilidad. (6) *De no tener* ninguna reclamación que hacernos sobre el desglose que en nuestra anterior carta le mencionábamos, les rogamos que, a la mayor brevedad posible, nos devuelvan dicho efecto con la debida aceptación. Si, entre tanto, ya (7) *han ingresado en* nuestra cuenta corriente la citada cantidad, no tengan en consideración la presente carta.
Atentamente les saluda

21 RATSCHLÄGE

Brief 28

Querida Beate:

He recibido tu carta en la que (1) *me pedías consejo* sobre tu propósito de solicitar un puesto en el Consorcio Textil S.A. para cambiar de trabajo.
(2) *Aunque es* una decisión difícil de tomar, (3) *y no me resulta fácil aconsejarte* voy a (4) *intentar darte mi opinión* de la forma más sincera posible. El Consorcio es, (5) *sin duda alguna*, la empresa más importante del sector pero, (6) *yo que tú*, no me precipitaría, te (7) *aconsejaría que fueras prudente*, porque dicen que, (8) *a pesar de todo*, pasa por un mal momento.
En esas circunstancias, (9) *a mi parecer*, más vale un cargo como el que tienes que otro mejor en apariencia. Por eso, espera un poco y no te apresures. Yo te (10) *diría que lo pensaras bien* y tuvieras cuidado.
Un abrazo,

22 BEWERBUNG (I)

Brief 29 (Bewerbungsschreiben)

A la atención del Jefe de Personal.

Distinguido señor:
Desde hace dos años (1) *desempeño el cargo* de encargada de prensa en Cables Cruzados S.A., empresa líder en la difusión de películas por cable, y, conociendo la importancia de su empresa en el sector, (2) *me tomo la libertad* de dirigirles la presente para ofrecerles mis servicios en un puesto similar.
Mi trabajo en el campo de la comunicación y mis contactos con (3) *los medios de comunicación*, generales y especializados, nacionales así como internacionales, (4) *me han permitido adquirir* todo tipo de relaciones. Por tanto, (5) *tengo una amplia experiencia* que puede serle útil a una empresa como la suya en donde la comunicación (6) *tiene un papel* tan destacado.
Por otra parte, siempre he deseado poner mis conocimientos al servicio de un sector puntero como el suyo con un importante (7) *tanto por ciento de facturación* dedicado a la exportación.
(8) *Les incluyo currículo* y, en espera de sus noticias, me pongo a su entera disposición. Reciba un atento saludo.

30 (Lebenslauf)

(1) *Nombre y apellidos*: Beate Huber de Serranilla
nacida en Heidelberg (Alemania) el 12 de febrero de 19...

Situación familiar: (2) *casada*, con dos hijos.

(3) *Dirección actual*: C/ Alegría, 125 – Pozuelo de Alarcón (Madrid)
Tfno.: 345 89 67

Nacionalidad: española (adquirida en 19...)

Estudios secundarios:
19... • Bachillerato en el Instituto "Hölderlin-Gymnasium" (Heidelberg)

Estudios superiores:
19... • (4) *Ciencias Políticas y Filología Española*

Títulos
19... • Licenciatura en Filología (Magister Artium)
Universidad de Heidelberg
Otros diplomas
19... • Escuela Privada de Periodismo

Idiomas:
- alemán: (5) *lengua materna*
- español: (6) *perfecto dominio* (escrito y hablado)
- inglés: (6) *perfecto dominio* (escrito y hablado)
- francés: (7) *buenos conocimientos*

(8) *Experiencia laboral*:
19... • Prácticas de tres meses en el periódico "La Patria" en La Paz – Bolivia
(traducción de artículos, redacción de noticias de agencia).

19... – 20... • (9) *Secretaria de redacción* en el periódico de la empresa Ranking & Co. España.

20... – 20... • Encargada de prensa en Cables Cruzados S.A.

23 STELLENANGEBOTE

31 (Anzeige)

Para empresa líder en el sector de la informática industrial:
(1) *SE PRECISA*
EJECUTIVO DE VENTAS
Este puesto se desempeñará en nuestra sede en Madrid.
(2) *Su cometido: se responsabilizará* de un equipo de vendedores de unas veinte personas.
(3) *SE REQUIERE*
(4) *Titulación universitaria* (Económicas – Ciencias Empresariales).
Dos o tres años de experiencia en puesto similar.
(5) *Gran dedicación al trabajo y dotes de mando*, sociable.
(6) *Dominio del alemán imprescindible* escrito y hablado (se valorará el conocimiento de otros idiomas).
SE OFRECE
(7) *Incorporación inmediata en* plantilla.
Retribución competitiva compuesta de:
(8) *Fijo + incentivos* + gastos, acorde con la valía del candidato.
Interesados envíen historial a:
Apartado de Correos 23456 – Madrid
a la referencia
DISTRIBUCIÓN/REPRESENTACIÓN

24 BEWERBUNG (II)

Brief 32

Estimados señores:

(1) *En relación con el* anuncio publicado en el suplemento de "Asuntos y Negocios" del 7 del corriente, me permito dirigirles la presente (2) *con el fin*

de solicitar el puesto de Ejecutivo de Ventas de su empresa.
(3) *Como podrá comprobar por* los documentos adjuntos, obtuve el título de Licenciado en Económicas por la Universidad de Madrid (Rama de Empresariales). Después de cumplir mi servicio militar, realicé un curso en Austria ampliando estudios. Luego (4) *hice un período de prácticas* durante cinco meses en el Departamento de Ventas de Nilones & Nilanas España S.A. Desde entonces y hasta hace dos meses (5*) desempeñé el cargo de* Responsable de Ventas de la División "Sintéticos" en dicha empresa. Adquirida por la multinacional japonesa Kenones, esta última acaba de realizar una drástica reducción de personal y me encuentro actualmente en paro.
(6) *Estoy particularmente interesado por el puesto* ofrecido por Vds. y me gustaría (7) *formar parte de la plantilla* ya que mi perfil creo corresponde a las características propuestas.
(8) *En espera de una pronta respuesta,* les saluda atte.

25 ELEKTRONISCHE KORRESPONDENZ

E-Mail 33

Estimados señores:
(1) *En primer lugar* la empresa ZAGALA S.A. quisiera agradecerles el gran interés que están mostrando por sus productos.
(2) *En estas páginas* encontrarán (3) *la información que Vds. habían solicitado*: Un catálogo detallado de nuestros artículos y (4) *la correspondiente lista de precios* a los que podrán acceder - en formato WORD - a través de los ficheros *product.doc* y *precios.tab* respectivamente.
Asimismo podremos hacerles llegar, a través de esta misma sección, las fotografías de nuestros artículos, siempre y cuando nos indiquen de qué (5) *formato gráfico* disponen.
Si desean información más específica o aclarar cualquier tipo de cuestión, no duden en contactar con nosotros de nuevo a través de nuestro buzón de (6) *correo electrónico*: hern@zagalacam.es.

E-Mail 34

Estimado señor Alarcos:
Nuestra empresa - dentro de su nueva campaña de márketing - desea ofrecer a partir de ahora a sus clientes los servicios tecnológicos más avanzados. Por ello (1) *nuestra intención* es incorporarnos a Internet con (2) *una página web* propia.
(3) *Nos dirigimos a Vd.* porque naturalmente deseamos que nuestra página sea promocionada adecuadamente y consultada por el mayor número de visitantes posibles.
Dado que confiamos plenamente en su profesionalidad como (4) *servidor* especializado en software para Internet, nos gustaría se ocupara Vd. mismo del diseño y la creación de nuestra página web. (5) *Adjunto* le enviamos el logotipo de nuestra empresa e (6) *información adicional* que esperamos le sean de utilidad.
En espera de sus noticias, nos despedimos muy atentamente,

26 TELEFONIEREN

35 (Telefongespräch)

Secretaria: Banco Santander, Recursos Humanos ¿dígame?
Sra. Acevedo: Hola, buenos días, soy Martha Acevedo, (1) *quisiera hablar con* la señora María Elena Velarde, por favor.
Secretaria: Lo siento la señora Velarde (2) *no se encuentra* en este momento.
Sra. Acevedo: Disculpe, (3) *¿podría decirme* a qué hora regresa?
Secretaria: (4) *No sabría decirle,* está en una reunión y no sé cuanto puede durar.
Sra. Acevedo: Hmmm, ¿podría hablar con el señor Raúl Torres, por favor?
Secretaria: No, el señor Torres está de vacaciones y regresa en dos semanas. (5) *¿Puedo ayudarle* en algo?
Sra. Acevedo: Sí, gracias, (6) *quisiera dejarle un mensaje* a la señora Velarde.
Secretaria: Sí, (7) *por supuesto, ¿dígame?*
Sra. Acevedo: Dígale que se comunique conmigo en cuanto pueda, necesito saber si ella asistirá a la reunión del día 25 o si enviará a un representante.
Secretaria: Disculpe, (8) *¿podría repetirme su nombre?*
Sra. Acevedo: Martha Acevedo, del Banco Central.
Secretaria: ¿La señora Velarde tiene su número de teléfono?
Sra. Acevedo: Sí, pero (9) *de todas formas* le voy a dejar el número de mi móvil, es el 0-1-9-9-6-5-4-8-4-7-3.
Secretaria: Bien, señora Acevedo, (10) *le daré su mensaje* a la señora Velarde en cuanto ella se desocupe.
Sra. Acevedo: Muchas gracias.
Secretaria: De nada, a usted.
Sra. Acevedo: Adiós.
Secretaria: Adiós.

LÖSUNGSVORSCHLÄGE: „SIE SIND DRAN!"

1 EIN TREFFEN VEREINBAREN

1. viene 2. ser 3. intentar 4. parece 5. quedar 6. por 7. viene bien

8. la oportunidad 9. propósito 10. viene 11. motivo 12. le 13. plantea/ocasiona 14. ningún 15. concertar 16. confirmara

17. cita 18. concertado 19. de 20. aplazarla 21. da 22. propondría 23. por

2 EINLADUNGEN

1. en 2. a 3. tendrá lugar 4. tarde 5. próximo (día) 6. en 7. la calle 8. número

9. agradecerá 10. asistencia 11. el (próximo) 12. 27 de diciembre ... *als ein Beispiel* 13. las

14. a 15. me 16. podría 17. te 18. pudiéramos

3 EINLADUNGEN BEANTWORTEN

1. Le agradezco 2. lamento 3. por 4. disculpe 5. deseo

6. agradezco 7. confirmo 8. asistencia

9. gracias 10. Iremos 11. podremos 12. Contad

4 AUSKÜNFTE EINHOLEN

1. Soy 2. estoy 3. en 4. envíen 5. de 6. me dijeran 7. es 8. anticipado 9. despide

10. Soy 11. interesaría/gustaría 12. conocer 13. enviaran documentación

14. por 15. remitieran 16. información

5 DANKESBRIEFE

1. letras 2. agradecerte 3. hayas 4. Dale 5. gracias 6. por 7. le 8. agradecérselo

9. manifestarles/expresarles 10. por 11. se 12. agradezco 13. para 14. pueda 15. (cualquier)

16. gracias 17. a 18. por 19. darles las gracias

6 ENTSCHULDIGUNGEN

1. por 2. faltado 3. estaba 4. hace 5. es 6. para

7. hayas recibido 8. cuánto/cómo 9. culpa 10. recibas

11. disculpas 12. es 13. (la) culpa 14. lamento

15. haya podido 16. es 17. Lo

7 GEWERBLICHE ANGEBOTE

1. Estimado 2. necesita/busca 3. Resuelva 4. la 5. capaz 6. desaproveche/pierda 7. dude

8. presentarle 9. válida 10. dude 11. aproveche 12. solicite 13. sede

14. enviarle 15. listas de precio 16. pos(t)venta 17. garantizado

8 ANFORDERN EINES KOSTENVORANSCHLAGS

1. tenemos 2. propósito 3. remitieran 4. presupuesto 5. agradecimiento 6. espera 7. noticias

8. cotizen 9. especificamos/indicamos 10. plazo 11. antes 12. certificada

13. Sírvase 14. presupuesto 15. según 16. adjunto (en anexo) 17. debe 18. partidas 19. ha

9 BERICHT ERSTATTEN

1. estuve llamando 2. contestó 3. he vuelto a llamar 4. he conseguido

5. Llevo 6. esperé 7. viniste

10 GLÜCKWÜNSCHE UND KONDOLENZBRIEFE

1. por 2. enterado 3. cuánto/lo que 4. lo 5. que 6. enhorabuena 7. como 8. felicidades

9. cumpleaños 10. felicidades 11. cumplas

12. fallecido 13. dolor 14. muy afectados por/muy conmovidos por 15. gran

16. por 17. fallecimiento 18. más sentido pésame

11 RESERVIEREN, MIETEN

1. Les ruego 2. a 3. inclusive 4. deberá 5. con 6. al 7. Le 8. comunicaran

9. Quisiera 10. el 11. corriente 12. confirmen 13. ha 14. estar equipado 15. me envíen 16. alquiler

12 BESTÄTIGUNG VON RESERVIERUNGEN

1. respuesta 2. del 3. grato 4. reservado 5. nombre 6. piden 7. de 8. quedarán 9. estancia

10. En respuesta 11. conforme 12. envíe/haya enviado

13. Conforme 14. es grato/complace 15. a 16. convencidos 17. quedarán 18. estancia

19. Sentimos/Lamentamos 20. atender/satisfacer 21. fechas 22. por

13 BESCHWERDEN

1. expresar 2. por 3. extraña/asombra/sorprende 4. se permita 5. extrañaron/asombraron/sorprendieron/quejaron

6. Me veo obligado a 7. asombro/disgusto 8. mediados 9. pasado 10. He 11. respetadas/cumplidas 12. pude 13. derecho 14. vuelva 15. adelante

16. denuncia 17. principio/final

14 AUFTRÄGE, BESTELLUNGEN

1. relación 2. sírvase 3. indicados 4. abajo 5. han 6. (Con) Respecto 7. entrega 8. preciso

9. Tengan la bondad de 10. más 11. artículos 12. abajo

13. cursarles 14. debe 15. mayor

15 LIEFERBEDINGUNGEN

1. entrega 2. comunicamos 3. solemos 4. Salida 5. sin portes 6. cargo 7. gastos 8. convengan 9. les

10. hemos 11. plazos 12. serán 13. pedido 14. mercancías 15. contra

16. convenidas 17. seguro 18. tanto 19. gastos 20. seguro 21. destino

16 AUFTRAGS-BESTÄTIGUNG

1. conformidad 2. orden 3. en 4. artículos 5. envío 6. conforme 7. plazo 8. pedido

9. relación 10. lamentamos 11. están 12. por

13. Conforme 14. pedido 15. complace/es grato 16. artículos 17. confirmamos 18. entrega 19. plazo

20. Lamentamos 21. existencias 22. ofrecerles

23. por 24. plazos 25. demora

17 REKLAMATIONEN

1. Conforme 2. nota 3. plazo 4. lamentamos 5. que 6. de 7. ningún 8. de 9. vemos 10. a 11. ser 12. trata 13. confusión

14. quedan 15. su 16. en 17. En 18. anulados

19. tenemos 20. debido 21. retraso 22. plazo

18 ZAHLUNG

1. respuesta 2. solicitud 3. información 4. pago 5. importe 6. a 7. pago 8. al 9. talón 10. giro 11. por 12. nuestra 13. superiores 14. girará 15. agraden

16. es grato 17. por 18. incluidos

19. grato 20. abonado/acreditado 21. cuenta 22. por

19 EINEN KREDIT BEANTRAGEN

1. concedido 2. tramitar

3. de crédito 4. aplazado 5. tarjeta de crédito 6. al respecto 7. en contacto

8. carguen 9. cuenta

20 MAHNSCHREIBEN

1. recordarles 2. saldo 3. sigue 4. por 5. favor 6. aún 7. respuesta 8. dudamos 9. trata 10. retraso 11. devuelto 12. aceptación 13. ingresado/abonado 14. consideración

15. Ante 16. han liquidado 17. en 18. recordamos 19. siguen 20. favor 21. por

22. prolongado 23. en 24. recordarles 25. aún 26. Lamentamos 27. caso 28. plazo 29. procederemos 30. vía

21 RATSCHLÄGE

1. la 2. pides/pedías 3. es/resulta 4. dar 5. parecer 6. vale 7. otro 8. yo 9. tú 10. fueras

11. alguna 12. decisión 13. pides 14. dudes 15. hicieras

16. sea 17. parecer 18. debería 19. yo 20. Vd. 21. invertiría

22 BEWERBUNG (I)

1. Encargado/-a 2. tomo 3. presente 4. ofrecerles 5. similar 6. (así) como 7. serle 8. suya 9. otra 10. deseado 11. puntero 12. incluyo/adjunto 13. currículo 14. espera 15. noticias

23 STELLENANGEBOTE

1. PRECISAN 2. COMETIDO 3. REQUIERE 4. OFRECE 5. retribución 6. fijo

7. precisa 8. REQUIERE 9. Incorporación 10. Retribución

24 BEWERBUNG (II)

1. relación 2. anuncio 3. solicitar 4. puesto 5. por 6. después 7. prácticas 8. domino 9. particularmente 10. en

11. relación 12. solicitar 13. puesto 14. paro 15. razones 16. amplia 17. comprobar

25 ELEKTRONISCHE KORRESPONDENZ

1. página 2. respecto

3. información 4. dude en 5. correo

6. posibilidad 7. desea 8. dirigirnos 9. desee

26 TELEFONIEREN

1d - 2e - 3c - 4b - 5f - 6a

1. ¿de parte de quién? 2. ahora se pone

3. ¿quién le llama? 4. ¿desea dejarle un mensaje? 5. le devuelva la llamada

6. con él mismo 7. habla más alto 8. te llamo más tarde

9. Se ha equivocado 10. de nada

NÜTZLICHE WENDUNGEN

KONTAKTAUFNAHME

Informieren, ankündigen, sich an jemanden wenden

Nos es grato comunicarles...	*Wir freuen uns, Ihnen mitteilen zu können ...*
Me complace hacerles partícipes de.../participarles...	*Ich freue mich, Ihnen mitzuteilen/Sie darüber zu informieren ...*
Me tomo la libertad de escribirle(s).	*Ich erlaube mir, Ihnen zu schreiben.*
Me permito dirigirle(s) la presente...	*Hiermit möchte ich mich an Sie wenden ...*

Ein Ziel, eine Absicht formulieren

con vistas a	*im Hinblick auf/mit Blick auf*
a fin de que	*damit*
a efectos de/con el fin de	*damit/in der Absicht zu/um zu*

Gründe anführen, sich rechtfertigen

debido a/a causa de	*aufgrund von*
con motivo de	*anlässlich von/wegen*
dado que	*da/angesichts von*
por no cumplir/porque/ya que no han cumplido	*da Sie ... nicht erfüllt haben*

Einen Empfang bestätigen, sich auf eine vorangegangene Kontaktaufnahme beziehen

en respuesta a su (atenta) carta	*auf Ihr (freundliches) Schreiben/als Antwort auf Ihr Schreiben*
Hemos recibido su carta del...	*Wir haben Ihren Brief vom ... erhalten.*
Hemos recibido su atenta carta.	*Wir haben Ihren freundlichen Brief erhalten.*
Obra en nuestro poder su carta.	*Ihr Brief ist bei uns eingegangen.*
en cuanto a/referente a	*bezüglich/mit Bezug auf*
en relación con/a su carta	*bezüglich Ihres Briefes*
(con) respecto a las condiciones	*hinsichtlich der Bedingungen*
de conformidad con	*gemäß/entsprechend*
conforme a	*gemäß/entsprechend/laut*
tal como habíamos convenido	*wie (wir) vereinbart (hatten)/ gemäß unserer Vereinbarung*

Dauer, Kontinuität ausdrücken

Llevamos esperando...	Wir warten (bereits) ...
Estamos esperando desde...	Wir warten seit ...
Seguimos esperando...	Wir warten immer noch ...
Seguimos sin tener noticias...	Wir haben immer noch keine Nachricht ...

ANFRAGEN, BITTEN, GESUCHE

Um etwas bitten, Auskünfte einholen

Tenga(n) la bondad de...	*Seien Sie bitte so gut und/Bitte haben Sie die Güte zu ...*
Le(s) ruego se sirva(n)...	*Bitte seien Sie so freundlich und/zu ...*
Le(s) ruego me transmita(n)...	*Bitte schicken Sie mir ...*
Le(s) agradecería me enviara(n)...	*Ich wäre Ihnen dankbar, wenn Sie mir ... schicken könnten.*
Sírva(n)se enviarnos...	*Bitte schicken Sie uns ...*
Quisiera que me enviaran información detallada...	*Ich möchte Sie bitten, mir ausführliche Informationen ... zu schicken.*

Um Antwort, Bestätigung bitten

en espera de su respuesta	*in Erwartung Ihrer Antwort*
en espera de una pronta/rápida respuesta por su parte	*in Erwartung einer/Ihrer baldigen/raschen Antwort*
(Les) Rogamos nos envíen respuesta rápida.	*Wir bitten (Sie) um rasche Antwort.*
Les agradezco me envíen confirmación.	*Bitte seien Sie so freundlich, mir eine Bestätigung zu schicken.*

Um Rat bitten

Quisiera pedirte consejo sobre...	*Ich möchte dich um Rat bitten wegen ...*
Quisiera que me aconsejaras sobre...	*Bitte gib mir deinen Rat zu ...*
¿Qué me aconsejas que haga?	*Was rätst du mir zu tun?*

Interesse, Vorlieben, Gleichgültigkeit zum Ausdruck bringen

Estoy interesado/-a por...	*Ich bin interessiert an ...*
Tenemos mucho interés en/Nos interesa mucho...	*Wir haben großes Interesse/sind sehr interessiert an ...*
Es para nosotros de gran interés...	*Es ist von großem Interesse für uns ...*
Sería preferible...	*Es wäre besser .../vorzuziehen ...*
Preferiría otro día.	*Ein anderer Tag wäre mir lieber.*
Nos da igual/Nos da/es lo mismo/Nos es indiferente.	*Es ist uns gleich/egal/einerlei.*

Einen Bedarf, eine Verpflichtung äußern

Buscamos/Precisamos...	*Wir brauchen/benötigen ...*
Se necesita(n)...	*Es wird (werden) ... gebraucht.*
No hace falta que/No es necesario que...	*Es ist nicht nötig, dass ...*
Se requiere/exige...	*(Es) ist erforderlich ...*
Hay que/Es preciso que...	*Man muss/es ist notwendig, dass ...*
Es preciso/necesario que Vd(s)...	*Sie müssen ...*
Se atendrá a/cumplirá con...	*... wird/muss sich richten nach .../ wird/muss ... erfüllen*
Deberá incluir...	*(Er/Sie/Es) muss ... beinhalten.*
Deberá...	*(Er/Sie/Es) muss ...*
La entrega tendrá efecto...	*Die Lieferung wird ... erfolgen*
Es imprescindible que...	*Es ist unbedingt erforderlich, dass ...*

Sich beschweren, protestieren

Me encuentro obligado/-a a...	*Ich sehe mich verpflichtet, zu ...*
He de comunicarles...	*Ich muss Ihnen mitteilen ...*
No hay derecho a que...	*Es ist inakzeptabel/unerhört, dass ...*
No estamos dispuestos a...	*Wir sind nicht bereit zu ...*
Tengo que quejarme de...	*Ich muss mich über ... beschweren.*
Tenemos que manifestarle nuestro descontento con/por...	*Ich muss Ihnen mitteilen, dass wir unzufrieden sind mit ...*
Estoy muy disgustado/-a por/con...	*Ich bin sehr verärgert wegen/über ...*
No puede ser que...	*Es kann nicht sein/Es ist unerhört, dass ...*

Beanstanden, reklamieren

Lamentamos manifestarle(s) que...	*Wir bedauern, Ihnen mitteilen zu müssen, dass ...*
Sentimos comunicarle(s) que...	*Leider müssen wir Ihnen mitteilen, dass ...*
Nos vemos en la obligación de...	*Wir sehen uns gezwungen/verpflichtet zu ...*
Exigimos ...	*Wir verlangen/erwarten ...*

VORSCHLÄGE, ANGEBOTE, EINLADUNGEN

Etwas nahe legen, vorschlagen

Le(s) sugerimos (que)...	*Wir legen Ihnen nahe zu ...*
Le(s) proponemos (que)...	*Wir schlagen Ihnen vor, zu/dass ...*
Podríamos...	*Wir könnten ...*
¿Me podría... ?	*Könnten Sie mir ... ?*
¿Qué opinas de... ?	*Was meinst du zu ... ?*
¿Qué os parece si... ?	*Was haltet ihr davon, wenn ... ?*
¿Por qué no... ?	*Warum nicht ... ?*

Ein Angebot machen

Nuestra oferta es válida...	*Unser Angebot gilt ...*
Le(s) ofrecemos...	*Wir bieten Ihnen ...*
Nos comprometemos a...	*Wir verpflichten uns zu/verbürgen uns dafür, dass ...*
Le(s) aseguramos...	*Wir versichern Ihnen ...*
Le(s) garantizamos...	*Wir garantieren Ihnen ...*

Einladen

Pedro Pérez se complace en/tiene el gusto de invitarle(s)...	*Pedro Pérez freut sich/würde sich sehr freuen, Sie ... einladen zu dürfen/einzuladen.*
Nos gustaría que...	*Wir würden uns freuen, wenn ...*
Nos encantaría que...	*Wir wären begeistert/würden uns sehr freuen, wenn ...*

AUF ANFRAGEN UND BITTEN ANTWORTEN

Akzeptieren, bestätigen

Le(s) confirmamos...	*Wir bestätigen Ihnen ...*
con mucho gusto/encantados	*sehr gerne/mit dem größten Vergnügen*
Nos complace/Nos es grato...	*Wir freuen uns zu ...*

Sich entschuldigen

Le ruego me disculpe...	*Bitte entschuldigen Sie mich ...*
Perdona que...	*Entschuldigung/Entschuldige, dass ...*
Le(s) presentamos nuestras excusas por...	*Wir möchten uns bei Ihnen für ... entschuldigen.*
No sabe(n) cómo/lo que/cuánto sentimos/lamentamos que...	*Sie wissen/ahnen nicht/können sich nicht vorstellen, wie sehr wir bedauern/es uns Leid tut, dass ...*

Ein Angebot ablehnen

Le(s) ruego disculpe(n)...	*Bitte entschuldigen Sie ...*
Lamentamos...	*Wir bedauern ...*
Sentimos que...	*Es tut uns Leid, dass ...*
Siento/Lamento mucho no...	*Es tut mir sehr Leid/Ich bedaure sehr, dass ich nicht ...*
desgraciadamente	*bedauerlicherweise/leider*

Auf Anlagen hinweisen

Le(s) adjunto/incluyo...	*Anbei sende ich Ihnen ...*
Adjunto le remitimos...	*In der Anlage finden Sie ...*
la nota incluida más abajo	*die unten angefügte Notiz*
las condiciones arriba mencionadas	*die oben erwähnten Bedingungen*

ANSICHTEN, GEFÜHLE ZUM AUSDRUCK BRINGEN

Eine Gewissheit ausdrücken

No dudamos de que...	*Wir zweifeln nicht daran, dass ...*
Confiamos en que...	*Wir vertrauen darauf, dass ...*
Es evidente/obvio que...	*Es ist selbstverständlich/offensichtlich, dass ...*
Con el convencimiento de que...	*In der Überzeugung, dass ...*
Estamos convencidos de que...	*Wir sind (davon) überzeugt, dass ...*

Hypothesen aufstellen, Möglichkeiten ansprechen

de ser posible/si fuera posible...	*wenn es möglich wäre ...*
si no ve ningún inconveniente	*wenn Sie nichts dagegen haben/es Ihnen nicht ungelegen kommt*
si le plantea algún problema	*wenn es Ihnen irgendwelche Schwierigkeiten bereitet*
con tal de...	*vorausgesetzt, dass ...*
siempre que...	*unter der Bedingung, dass ...*
en caso de (que)...	*im Falle, dass/falls ...*
en su defecto...	*andernfalls/falls nicht vorhanden ...*
a no ser que...	*wenn nicht/es sei denn, dass ...*

EINE ABSICHT MITTEILEN

Einen Rat geben, eine Ansicht äußern

Nuestro propósito/Nuestra intención es...	*Unsere Absicht ist es zu ...*
Tenemos la intención/el propósito de.../Pensamos...	*Wir haben die Absicht zu .../Wir haben vor zu ...*
Estamos empeñados en...	*Wir bemühen uns darum zu ...*
a mi parecer/a mi juicio/en mi opinión...	*meiner Ansicht/meinem Urteil/meiner Meinung nach ...*
Quedamos en que...	*Wir verbleiben so, dass .../Wir haben vereinbart, dass ...*
Le(s) aconsejo que haga(n)...	*Ich rate Ihnen, ... zu tun.*
Le(s) aconsejaría que hiciera(n)...	*Ich würde Ihnen raten, ... zu tun.*
yo que tú/yo en tu lugar...	*ich an deiner Stelle ...*

Glückwünsche, Beileidsbezeugungen

Me alegro de que...	*Ich freue mich, dass ...*
Me alegro mucho de que...	*Ich freue mich sehr, dass ...*
¡(Muchas) felicidades!	*Herzlichen Glückwunsch!*
¡Feliz cumpleaños!	*Herzlichen Glückwunsch zum Geburtstag!*
Le acompaño en el sentimiento.	*Ich möchte Ihnen mein Beileid aussprechen.*
Reciba mi sentido pésame.	*Mein aufrichtiges Mitgefühl/Beileid.*

Sich bedanken

Le(s) agradezco que...	*Ich danke Ihnen, dass ...*
Quisiera manifestarle(s) mi agradecimiento por...	*Ich möchte Ihnen meinen Dank für ... aussprechen.*
Muchas gracias por...	*Vielen Dank für ...*
Quisiera expresarle(s) mi gratitud por...	*Ich möchte Ihnen meine Dankbarkeit für ... ausdrücken.*
Les quedamos (estamos) muy agradecidos...	*Wir sind Ihnen sehr dankbar ...*
Quisiera darle(s) las gracias...	*Ich möchte mich bei Ihnen bedanken ...*
Con nuestro agradecimiento anticipado....	*Mit Dank im Voraus ...*
Agradeciéndoselo por anticipado...	*Ich bedanke mich im Voraus (bei Ihnen) und ...*
Le(s) damos las gracias de antemano...	*Wir bedanken uns im Voraus (bei Ihnen) ...*

WICHTIGE ABKÜRZUNGEN

acpt.	aceptación	Akzept
admón.	administración	Verwaltung
apdo.	apartado	Postfach
art.	artículo	Artikel
atte.	atentamente	Mit freundlichen Grüßen
Av./Avda.	avenida	Straße
b.°	beneficio	Verdienst; Gewinn
Bco.	Banco	Bank
B.O.E.	Boletín Oficial del Estado	Amtsblatt, Gesetzblatt
c°	cambio	Geldwechsel, Börsenkurs
c/c	cuenta corriente	Kontokorrent
C&F	coste y flete	Kosten und Fracht
cgo.	cargo	(zu) Lasten
ch/	cheque	Scheck
Cía.	compañía	Gesellschaft
CIF	coste, seguro y flete	Kosten, Versicherung und Fracht
C.I.F.	Código de Identificación Fiscal	Steueridentifikationsnummer für Gesellschaften
cje.	corretaje	Courtage
cl.	centilitro	Zentiliter
cm.	centímetro	Zentimeter
cta.	cuenta	Konto; Rechnung
cte.	corriente	laufend
d/	días	Tage
D.	don	Herr
Da.	doña	Frau
D/A	documentos contra aceptación	Dokumente gegen Akzept, Annahme
dcha.	derecha	rechts
d/f	días fecha	Tage dato
doc.	documento	Dokument
d/p	documentos contra pago	Dokumente gegen Kasse
dpto.	departamento	Abteilung

Dr.	doctor	Doktor
dto.	descuento	Rabatt
dupdo./dupl.	duplicado	Zweitausfertigung/Duplikat
d/v	días vista	Tage Sicht
EE.UU.	Estados Unidos	Vereinigte Staaten
EE.UU.M.	Estados Unidos de Méjico	Vereinigte Staaten von Mexiko
ej.	ejemplo	Beispiel
entlo.	entresuelo	Zwischengeschoss
Excmo.	Excelentísimo	*Ehrentitel:* Seine/Ihre Exzellenz
F.A.S.	franco al costado del buque	frei Längsseite Seeschiff
F.C.	ferrocarril	Eisenbahn
fch	fecha	Datum
Fdo.	firmado	gezeichnet
f/f	fecha factura	Rechnungsdatum
F.O.B.	franco a bordo	frei an Bord
F.O.R.	franco-vagón	frei Waggon/frei Eisenbahn
fra.	factura	Rechnung
G/	giro	Überweisung, Tratte
G.P.	giro postal	Postüberweisung
G.V.	gran velocidad	Eilgut
Hnos.	hermanos	Gebrüder
id.	idem	dito
Ilmo., Ilma.	Ilustrísimo/-a	*spanischer Ehrentitel*
impte.	importe	Betrag
Ing°	ingeniero	Ingenieur
I.V.A.	Impuesto al Valor Añadido	Mehrwertsteuer
izq.	izquierda	links
J.D.	junta directiva	Vorstand
J. de G.	junta de gobierno	Regierungsausschuss, Verwaltungsrat
J.G.	junta general	Hauptversammlung
J.O.	junta ordinaria	ordentliche Versammlung
L/	letra de cambio	Wechsel
Ldo.	licenciado	*Akademikertitel*
liq.	líquido	Reinbetrag/netto
m/a	mi aceptación	meine Annahme/mein Akzept

m/cgo.	mi cargo	zu meinen Lasten
m/cta.	mi cuenta	mein Konto
m/f.	mi favor	zu meinen Gunsten
m/fra.	mi factura	meine Rechnung/Faktura
m/g.	mi giro	meine Überweisung
m/l.	mi letra	mein Wechsel
m/o.	mi orden	meine Bestellung/mein Auftrag
m/r.	mi remesa	meine Sendung
m/ref.	mi referencia	mein Zeichen
m/t.	mi talón	mein Scheck
n°	número	Nummer
N.B.	nota bene	Notabene
n/cgo.	nuestro cargo	zu unseren Lasten
n/cta.	nuestra cuenta	unser Konto/unsere Rechnung
n/f.	nuestro favor	zu unseren Gunsten
n/fra.	nuestra factura	unsere Rechnung
n/g.	nuestro giro	unsere Überweisung
N.I.F.	Número de Identificación Fiscal	Steuer(identifikations)nummer
n/l.	nuestra letra	unser Wechsel
n/o.	nuestra orden	unsere Bestellung/unser Auftrag
n/r.	nuestra remesa	unsere Sendung
n/ref.	nuestra referencia	unser Zeichen
n/t.	nuestro talón	unser Scheck
ntro/-a.	nuestro/-a	unser(e)
O/	orden	Order
O.C.D.E.	Organización para la Cooperación y el Desarrollo Económico	Organisation für wirtschaftliche Zusammenarbeit und Entwicklung
O.M.	Orden Ministerial	Ministerialerlass
O/P.	orden de pago	Zahlungsanweisung
P°	paseo	Promenade, Allee
P/	pagaré	Schuldschein
P.A.	por autorización	im Auftrag
pág.	página	Seite
p.b.	peso bruto	Bruttogewicht

P/d	porte debido	unfrei
P.D./P.S.	posdata	Postskriptum
p.e./p.ej.	por ejemplo	zum Beispiel
P.N.	peso neto	Nettogewicht
P.O.	por orden	im Auftrag
P.p.	porte pagado	frei/franko
P.P.	por poderes	per Prokura
ppdo.	próximo pasado	vergangenen Monats
pral.	principal	Haupt-
pról.	prólogo	Vorwort
prov.	provincia	Provinz
P.S.	post scriptum	Postskriptum
pts.	pesetas	Peseten
P.V.P.	precio de venta al público	Ladenverkaufspreis
Rbí.	recibí	Quittung; (dankend) erhalten
Rbla.	rambla	Allee *(in Katalonien)*
Rte.	remite, remitente	Absender
S.A.	sociedad anónima	Aktiengesellschaft
S.E u O.	salvo error u omisión	Irrtum vorbehalten
Sgte(s).	siguiente(s)	folgend(e)
S.L./(S.R.L.)	Sociedad (de responsabilidad) limitada	Gesellschaft mit beschränkter Haftung
s/n	sin número	ohne Hausnummer
Sr.	señor	Herr
Sra.	señora	Frau
Srta.	señorita	Fräulein
Suc.	sucursal	Filiale
teléf./tfno./tel.	teléfono	Telefon
tlx.	télex	Telex
Ud(s)./Vd(s).	usted(es)	Sie
V° B°	visto bueno	gesehen und gebilligt/Sichtvermerk
v/d.	valor declarado	deklarierter Wert
V.E.	Vuestra Excelencia	Euer Exzellenz
vt°.	vencimiento	Fälligkeit/Verfallstag
Vd(s).	usted(es)	Sie
%	por ciento	Prozent

SPANISCH-DEUTSCHES GLOSSAR

Folgende Übersetzungen beziehen sich auf die Briefe und Wendungen in *PONS Bürokommunikation Spanisch*. Die Vokabeln haben z. T. auch andere Bedeutungen, die Sie in den gängigen Wörterbücher finden werden.

A

abogado/-a - Rechtsanwalt/-anwältin
abonar - gutschreiben, vergüten
en **absoluto** - keineswegs
acogida - Aufnahme, Empfang, Gastfreundschaft
acompañar en el sentimiento - sein Beileid bezeugen/aussprechen
acondicionar - aufbereiten, herrichten
acontecimiento - Ereignis
acordar - bewilligen
acordarse de - sich erinnern an
acorde con - in Übereinstimmung mit
acreditar - gutschreiben
acuse de recibo - Empfangsbestätigung
adelantar - vorstrecken; vorverlegen
además - außerdem
adicional - zusätzlich
adjuntar - beiliegend senden
adjunto - anbei, in der Anlage
adjunto/-a - Stellvertreter/in
administrativo/-a - Verwaltungs-
aduana - Zoll
agradecer - sich bedanken für
agradecimiento - Dank, Danksagung
agrado - Freude, Vergnügen
ajeno/-a - außerhalb von, nicht gemäß
alegrarse de - sich freuen über
almacén - Lager
alquilar - mieten, vermieten
alquiler - Miete, Vermietung
ambos/-as - beide
amortización - Tilgung, Rückzahlung
amplio/-a - umfassend, weit
añadir - hinzufügen
anexar - beifügen, beilegen
anexo - Anlage
animarse - sich aufraffen; sich entschließen
anteanoche - vorgestern Abend/Nacht
de antemano - im Voraus
lo antes posible - so schnell wie möglich
anticipar - vorstrecken; vorwegnehmen
anular - annullieren, stornieren
anunciar - ankündigen
anuncio - Anzeige, Reklame
apagar - ausschalten *(Handy)*
apartado de Correos - Postfach
apellido - Familienname
apetecer - Lust haben
aplazar - verschieben, vertagen
aprovechar - nutzen
aprovechar(se) de - ausnützen, profitieren von
apuntar - andeuten, hinweisen auf
arancel - (Gebühren-)Satz, (Zoll-)Tarif
archivo - Datei
arreglar - in Ordnung bringen, reparieren
artículo - Artikel, Ware
ascender a - sich belaufen auf
asegurar - versichern
asistir - teilnehmen
asombrar - erstaunen
asunto - Angelegenheit; Betreff
atender a alguien - sich um jdn kümmern
atenerse a - sich halten an
(Le saluda) **atentamente,** - Mit freundlichen Grüßen
ausencia - Abwesenheit
(crédito de) **aval** - Aval(kredit), Bürgschaft
azafata - Stewardess

B

bachillerato - Abitur
batería - Akku
dar la **bienvenida a alguien** - jdn willkommen heißen
bono del Tesoro - Schatzanweisung
bursátil - Börsen-
buzón de correo electrónico - Mailbox

C

caja (de embalaje) - Kiste
cajero automático - Geldautomat
calefacción - Heizung
calificado/-a - qualifiziert
campo - Bereich, Gebiet
cancelar - begleichen, stornieren
cargar - belasten, tragen
cargo - Posten
a **cargo de** - zu Lasten von
carné (de identidad) - Personalausweis
cartera de pedidos - Auftragsbestand
en **caso de que** - im Fall von
casualidad - Zufall
celebrar - feiern
central - Zentrale
(correo) **certificado** - Einschreiben
cheque - Scheck
cheque de viaje - Reisescheck
cifra - Betrag, Zahl, Ziffer
cita - Termin, Verabredung
cobrar - einziehen, kassieren
colgar - auflegen *(Telefon)*
cometido - Aufgabe(ngebiet)
comisión - Ausschuss; Kommission; Provision
comisión de mantenimiento - Kontoführungsgebühr
competencia - Kompetenz, Konkurrenz
complacido/-a - zufrieden
comprobación - Nachweis, Prüfung
comprobar - prüfen
compromiso - Verpflichtung
comunicación - Verbindung
comunicar - mitteilen
comunicar con - (tel.) verbinden mit
concertar una cita - ein Treffen vereinbaren
concursante - Teilnehmer/in
concurso - Angebotsausschreibung
conforme - konform, übereinstimmend
de **conformidad** - in Übereinstimmung
en **conformidad con** - gemäß
confusión - Irrtum
conmovido/-a - ergriffen, erschüttert
conocimiento - Kenntnis; Konnossement
conocimiento nominativo - Namenskonnossement
consejo - Rat
al **contado** - bar
contar con - rechnen mit; verfügen über
contestar un mensaje - eine Nachricht beantworten
en **contra de** - gegen
al **contrario** - im Gegenteil
contratar a alguien - jdn einstellen
cordial - herzlich
correo - Post
correo electrónico - elektronische Post, E-Mail
Correos - Postamt
corresponder - entsprechen
del **corriente** - dieses Monats
coste, costo - Kosten, Preis
coste y flete - Kosten und Fracht (C&F)
coste, seguro y flete - Kosten, Versicherung und Fracht (CIP)
cotizar - anbieten, ein Preisangebot machen
crédito (bancario) - Kredit
en **cuanto a** - bezüglich
cuanto antes - so bald/schnell wie möglich
cuenta corriente - Giro-/Kontokorrentkonto
cuenta de ahorro - Sparkonto

cuidado - Vorsicht
tener **cuidado** - vorsichtig sein
cumplimentar - ausführen
cumplir el servicio militar - seinen Militärdienst leisten
cumplir un plazo - eine Frist einhalten
currículo - Lebenslauf
curriculum (vitae) - Lebenslauf
cursar - befördern, übermitteln
cursar un pedido - eine Bestellung aufgeben
cursillo - Lehrgang
curso - Fortbildungslehrgang; Schuljahr

D

daños y perjuicios - Schadensersatz
dar la bienvenida a alguien - jdn willkommen heißen
debido a - aufgrund von
dedicación plena/exclusiva - Vollzeit-
dedicarse a - sich *(einer Sache)* widmen, arbeiten als
defecto - Fehler, Mangel
en su **defecto** - falls nicht vorhanden
demora - Verzögerung
denunciar - Anzeige erstatten, verklagen
departamento - Abteilung
dar por **descontado/-a** - als selbstverständlich/sicher annehmen
dejar al **descubierto** - überziehen
descuento - Preisnachlass, Skonto
desempeñar un cargo - ein Amt/einen Posten bekleiden
desempleado/-a - arbeitslos
desglose - Aufschlüsselung, Aufteilung
desgracia - Unglück
desgraciadamente - unglücklicherweise
deshacerse de - sich freimachen von
desocuparse de - nicht (mehr) beschäftigt sein mit
despachar - expedieren, verschicken
despedir - entlassen
despedirse de - sich verabschieden von
despido - Entlassung
destinatario/-a - Empfänger/in
detallista - Kleinhändler
deuda - Schuld
devolución - Rückgabe
devolver - zurückgeben
devolver la llamada - zurückrufen
dígame - ja bitte, hallo *(am Telefon)*
diplomado/-a - Person mit Studienabschluss *(Studiendauer: 3 Jahre)*
dirección de Internet - Internetadresse
directivo/-a - leitende/r Angestellte/r, Leiter/in
disconformidad - Nichteinverständnis, Uneinigkeit
disculpa - Entschuldigung
disculpar(se) - (sich) entschuldigen
diseño - Design
disgusto - Ärger, Kummer
disponer de - verfügen über
disponible - vorhanden
documentación - Papiere, Unterlagen
domiciliado/-a - wohnhaft
dominar - beherrschen
dominio - Beherrschung, Kompetenz
dotes - Fähigkeiten, Talente
dudar de - bezweifeln, zweifeln an
por **duplicado** - in doppelter Ausfertigung

E

en **efectivo** - bar
ejecutivo/-a - Führungskraft, leitende/r Angestellte/r
embalaje - Verpackung
sin **embargo** - dennoch, trotzdem
empresa - Unternehmen, Firma
empresarial - Betriebs-, unternehmerisch
encargado/-a - Beauftragte/r, Sachbearbeiter/in
encargar - beauftragen

encargarse de - sich kümmern um, übernehmen
encontrar - finden, treffen
encontrarse - sich befinden, sich treffen
enhorabuena - Glückwunsch
enterarse de una noticia - eine Neuigkeit erfahren
entretanto - unterdessen
entrega - (Ab-/Aus-)Lieferung
entregado libre de derechos - geliefert verzollt (DDP)
entrevista - Treffen, Unterredung
enviar un mensaje - eine Nachricht senden
envío - Sendung
equipamiento - Ausrüstung, Ausstattung
equipo - Mannschaft
equivocarse - sich verwählen
escrito - Gesuch, Schreiben
en **espera de** - in Erwartung *(einer Sache)*
estancia - Aufenthalt
existencias - Lager, Vorrat
éxito - Erfolg
extrañar - erstaunen, verwundern

F

en **fábrica** - ab Werk
factura - Rechnung
facturación - Umsatz
fallecimiento - Tod
faltar - fehlen
fecha - Datum
fecha factura - Rechnungsdatum
felicidades - Glückwünsche
felicitar - beglückwünschen
fijar - festlegen
(salario) **fijo** - Festgehalt
a **fin de** - damit, um zu
con el **fin de** - in der Absicht zu
por **fin** - endlich
al **final** - am Ende, schließlich
flete - Fracht
FOB Aeropuerto - frei an Bord Flughafen
folleto - Broschüre
(curso de) **formación** - Schulung
formato - Format
formato gráfico - Grafikformat
franco a bordo - frei an Bord (FOB)
franco transportista - frei Frachtführer (FRC)
franco vagón - frei Waggon (FOR)
con **frecuencia** - häufig
fuera de - ausgenommen, außer; außerhalb

G

gama - Bereich, Skala
garantía - Sicherheit
garantizar - garantieren
gastar - ausgeben
gasto - Ausgabe
girar una cantidad - eine Summe überweisen
girar una letra - einen Wechsel ziehen
giro postal - Postüberweisung
gustosamente - gern, mit Vergnügen

H

hacer falta - fehlen
hasta nuevo aviso - bis auf Widerruf
historial - Lebenslauf
horario de servicio - Geschäftszeiten
huelga - Streik

I

impago - Nichtzahlung
impedir - (ver)hindern
importar - importieren
importe - Summe
importe de crédito - Kredithöhe
imprescindible - unentbehrlich; unabdingbar
impuesto - Gebühr, Steuer
inadecuado/-a - ungeeignet, unpassend
incentivo - Anreizzulage

incluir - beifügen; einschließen
inclusive - einschließlich, inklusive
incorporación - Eingliederung, Einstellung
incorporar - eingliedern, einstellen
incrementar - erhöhen, vermehren
indemnización - Entschädigung
información - Auskunft, Information
informalidad - Unzuverlässigkeit
informe - Bericht, Gutachten
ingeniero técnico - (Fach-)Ingenieur
ingresar - einzahlen
inmobiliario/-a - Immobilien-
inquilino/-a - Mieter/in
instalar - unterbringen
instituto (de enseñanza media) - Gymnasium
intentar - versuchen
intercambiar - austauschen
interés - Interesse; Zins
invitación - Einladung

J

jornada laboral - Arbeitstag
jornada media - Halbtagsarbeit
jornada continua/intensiva - durchgehende Arbeitszeit
jubilar(se) - in den Ruhestand treten
judicial - gerichtlich
juicio - Meinung, Urteil
juntar(se) - sich versammeln/ zusammentun
junto con - gleichzeitig, zusammen mit

L

labor - Arbeit
laboral - Arbeits-
lamentar - bedauern
lamento - Klage
letra (de cambio) - Wechsel
mandar cuatro/unas **letras** - ein paar Zeilen schicken
librado - Bezogener, Trassat
librador - Aussteller, Trassant
licencia - Erlaubnis
licenciatura - Universitätsabschluss *(Studiendauer: mindestens 4 Jahre)*
líder - führend
línea - Kollektion, Linie
mantenerse en la **línea** - am Apparat bleiben
liquidar una cuenta - eine Rechnung begleichen
lista de correos - postlagernd
llamada - Telefonanruf
llevar a efecto - durchführen, verwirklichen
localizar alguien - jdn (telefonisch) erreichen
logotipo - Firmenzeichen
lograr - erlangen, erreichen

M

mando - Befehl, Kommando
mediante - durch, mittels
medios de comunicación - Medien
medios de pago - Zahlungsmittel
mensaje - Nachricht
mensajería - Botendienst
a **menudo** - oft
mercadería - Ware
mercadotecnia - Marketing
mercancía - Ware
con **miras a** - im Hinblick auf
de ningún **modo** - keinesfalls
monto - Gesamtbetrag, Endsumme
con **motivo de** - anlässlich
móvil - Handy
multitud - Menge

N

navegar en Internet - im Internet surfen
negocio - Geschäft
nombramiento - Ernennung
nombre - Vorname
en **nombre de** - im Namen von
nota de pedido - Bestellschein
noticia - Nachricht
novedad - Neuigkeit

O

obrar - wirken
obvio/-a - offensichtlich, selbstverständlich
ocasión - Gelegenheit
con **ocasión de** - anlässlich
ocasionar - verursachen
ocupación - Arbeit, Beschäftigung
ocurrírsele *(algo)* a alguien - jdm einfallen
oferta - Angebot
operación bancaria - Bankgeschäft
oficina - Büro
oportunidad - Gelegenheit
orden de pedido - Auftrag
otra vez - erneut, noch einmal

P

pagadero/-a - zahlbar, zu zahlen
pagaré - Schuldschein
página web - Webseite
pago contra documentos - Kasse gegen Dokumente
pago fraccionado - Ratenzahlung
parado/-a - arbeitslos
parecer - Ansicht, Meinung
paro - Arbeitslosigkeit
participación - Mitteilung, Teilnahme
participar - mitteilen, teilnehmen
partida - Buchung; Posten *(eines Kostenvoranschlags)*
pedido - Bestellung
pedir - bitten
pérdida - Verlust
perfil - Anforderungsprofil
periodismo - Journalismus
periodista - Journalist/in
permiso - Erlaubnis
pésame - Beileid, Kondolenz
pesar - Kummer
plantear un problema - ein Problem darstellen, Schwierigkeiten bereiten
plantilla - Mitarbeiterstab, Belegschaft, Personal
plazo - Frist, Laufzeit
a **plazos** - auf Kredit/Raten
plazo de entrega - Lieferfrist
plazo previsto - vorgesehene Frist
pliego de condiciones - Lastenheft, Vergabebedingungen
poner a disposición de - zur Verfügung stellen
poner(se) - ans Telefon kommen
ponerse en contacto con - sich in Verbindung setzen mit
porte - Fracht, Porto
porte debido - unfrei
porte pagado - frei
posventa - Kundendienst
prácticas - Praktikum
practicante - Praktikant/in
precio - Preis
precisar - benötigen; klarstellen
prescindir de - absehen von
prestamista - Kreditgeber/in
préstamo - Kredit, Darlehen
prestar asistencia a - pflegen, sich kümmern um
prestatario/-a - Kreditnehmer/in
presupuesto - Budget, Kostenvoranschlag
procurar - versuchen
programa (informático) - Computerprogramm
promocionar - fördern
propósito - Absicht
próximo/-a - nächste/r, s
puntualizar - klarstellen
puesto - (Arbeits-)Stelle

Q

quedar (en + *Infin.*) - ausmachen, verbleiben, vereinbaren
quedar (en + *lugar*) - sich (in + *Ort*) verabreden
quedarse - bleiben
queja - Beschwerde

R

rapidez - Schnelligkeit
recepción - Empfang
rechazar - ablehnen, zurückweisen
recibir un mensaje - eine Nachricht erhalten/empfangen
recordar - erinnern an; sich erinnern an
recuerdo - Erinnerung
recurrir a - sich wenden an
Recursos Humanos - Personalabteilung
reembolso - Rückerstattung
referencia - Bezugszeichen, Referenz
con **referencia a** - mit Bezug auf
referente a - bezüglich
reiterar - erneuern, wiederholen
remitente - Absender/in
remitir - schicken, senden, übersenden
repetir - wiederholen
requerir - verlangen
requisito - Bedingung, Erfordernis
reservar - reservieren
(con) **respecto a** - bezüglich
respuesta - Antwort
retraso - Verspätung, Verzögerung
reunión - Besprechung
rogar - bitten

S

sacar - abheben
salario - Arbeitslohn
saldar - ausgleichen, begleichen
saldo - Saldo
salida de fábrica - ab Werk (EXW)
saludar - grüßen
satisfecho/-a - zufrieden
secretaria ejecutiva - Chefsekretärin
secundario/-a - nebensächlich, sekundär
sede (social) - Firmensitz
según - gemäß, laut
seguro - Versicherung
sentir - bedauern
servidor/a de Internet - Internetanbieter/in
sino - außer, sondern
sitio web - Website
sobrepasar - übersteigen, übertreffen
soler *(+ Infin.)* - pflegen *(etw zu tun)*
solicitar - beantragen
solicitar un puesto - sich um eine Stelle bewerben
sólo - nur
solo/-a - allein
solucionar - lösen *(Problem)*
sorprender - überraschen
suceso - Ereignis
sucursal - Filiale, Zweigstelle
sueldo - Gehalt, Lohn
suministro - Lieferung
superar - bewältigen, überwinden
por **supuesto** - selbstverständlich
surtir efecto - seine Wirkung tun, wirken

T

talón (bancario) - Scheck
por lo **tanto** - deshalb
tanto por ciento - Prozentsatz
tarjeta - Karte, Visitenkarte
tarjeta de crédito - Kreditkarte
temporada baja - Vor-/Nachsaison
temporada de ventas - Geschäftssaison
tener cuidado - vorsichtig sein
tesorería - Kasse, Schatzamt
tienda - Geschäft, Laden
tipo de descuento - Diskontsatz
tipo de interés - Zinssatz
titulación - Hochschulabschluss
título - Hochschulabschluss; Titel
toda clase de - alle möglichen
trámites - Formalitäten, Verwaltungsschritte
transferencia - Transfer, Überweisung
tras - bezüglich; nach (*zeitlich*)
trastorno - Schaden, Störung
tratar(se) de - sich handeln um

U

ubicar - lokalisieren, unterbringen
ultimar - abschließen, endgültig klären
urgente - dringend
usuario/-a de Internet - Internetbenutzer/in

V

vacilante - unschlüssig
valía - Eignung, Wert
válido/-a - gültig; tauglich
ventajoso/-a - günstig, vorteilhaft
vía - Weg; über, via
a la **vista** - bei Sicht, sofort
con **vistas a** - mit Blick auf, im Hinblick auf
volumen de negocio - Umsatz
(volumen de) ventas - Umsatz
a **vuelta de correo** - postwendend

DEUTSCH-SPANISCHES GLOSSAR

A

abheben - sacar
ablehnen - rechazar
abschließen - ultimar
absehen von - prescindir de
Absender/in - remitente
Absicht - propósito
in der **Absicht zu** - con el fin de
Abteilung - departamento
Abwesenheit - ausencia
Akku - batería
alle möglichen - toda clase de
allein - solo/-a
ein **Amt bekleiden** - desempeñar un cargo
anbei - en el documento adjunto
anbieten *(Preise)* - cotizar
andeuten - apuntar
Anforderungsprofil - perfil
Angebot - oferta
Angebotsausschreibung - concurso
Angelegenheit - asunto
ankündigen - anunciar
Anlage - anexo
in der **Anlage** - (en el documento) adjunto
anlässlich - con motivo de, con ocasión de
annullieren - anular
Anreizzulage - incentivo
Ansicht - parecer
Antwort - respuesta
Anzeige - anuncio
Anzeige erstatten - denunciar
am **Apparat bleiben** - mantenerse en la línea
Arbeit - labor, ocupación
arbeiten als - dedicarse a
Arbeits- - laboral
Arbeitslohn - salario
arbeitslos - desempleado/-a, parado/-a
Arbeitslosigkeit - paro
Arbeitstag - jornada laboral
Ärger - disgusto
Artikel - artículo
aufbereiten - acondicionar
Aufenthalt - estancia
eine Bestellung **aufgeben** - cursar un pedido
aufgrund von - debido a
auflegen *(Telefon)* - colgar
Aufnahme - acogida
sich **aufraffen** - animarse
Auftrag - orden de pedido; pedido
Auftragsbestand - cartera de pedidos
ausführen *(Auftrag)* - cumplimentar
Ausgabe - gasto
ausgeben - gastar
ausgenommen - fuera de
ausgleichen - saldar
Auskunft -información
ausnützen - aprovechar(se) de
Ausrüstung - equipamiento
ausschalten - apagar
Ausschuss - comisión
außer - fuera de; sino
außerdem - además
außerhalb von - ajeno a, fuera de
Ausstattung - equipamiento
Aussteller *(Trassant)* - librador
austauschen - intercambiar
Aval(kredit) - (crédito de) aval

B

Bankgeschäft - operación bancaria
bar - en efectivo; al contado *(sofort)*
beantragen - solicitar
beauftragen - encargar
Beauftragte/r - encargado/-a
sich **bedanken für** - agradecer
bedauern - lamentar, sentir
Bedingung - requisito
Befehl - orden
sich **befinden** - encontrarse

befördern - cursar
begleichen - saldar
eine Schuld **begleichen** - cancelar una deuda
beglückwünschen - felicitar
beherrschen - dominar
Beherrschung *(einer Sache)* - dominio
beide - ambos/-as
beifügen - anexar, incluir
Beileid - pésame
sein **Beileid aussprechen** - acompañar en el sentimiento
beiliegend senden - adjuntar
belasten - cargar
sich **belaufen auf** - ascender a
benötigen - precisar
Bereich - campo, sector
Bericht - informe
Beschäftigung - ocupación
beschließen - quedar (en + *Infin.*)
Beschwerde - queja
Besprechung - reunión
Bestellschein - nota de pedido
Bestellung - pedido
Betitelung - titulación
Betrag - suma, importe
Betreff - asunto
Betriebs- - empresarial
bewältigen - superar
sich um eine Stelle **bewerben** - solicitar un puesto
bewilligen - aprobar, autorizar; conceder
Bezogener - librado
mit **Bezug auf** - con referencia a
bezüglich - en cuanto a, referente a, (con) respecto a
Bezugszeichen - referencia
bezweifeln - dudar de
bitten - pedir, rogar
bleiben - quedarse
mit **Blick auf** - con vistas a
Börsen- - bursátil
Botendienst - mensajería
Broschüre - folleto
Buchung *(Buchhaltung)* - partida
Budget - presupuesto
Büro - oficina

C

Chefsekretärin - secretaria ejecutiva
Computerprogramm - programa (informático)

D

damit - a fin de
Dank - agradecimiento
Danksagung - agradecimiento
Datei - archivo
Datum - fecha
dennoch - sin embargo
deshalb - por lo tanto
Design - diseño
Diskontsatz - tipo de descuento
in **doppelter Ausfertigung** - por duplicado
dringend - urgente
durch - mediante
durchführen - llevar a efecto
durchgehende Arbeitszeit - jornada continua/intensiva

E

Eignung - valía
jdm etw **einfallen** - ocurrírsele algo a alguien
eingliedern - incorporar
Eingliederung - colocación, contratación
eine Frist **einhalten** - cumplir un plazo
Einladung - invitación
einschließen - incluir
einschließlich - inclusive
Einschreiben - (correo) certificado
einstellen - incorporar
jdn **einstellen** - contratar a alguien
Einstellung - incorporación
einzahlen - ingresar
einziehen - cobrar
elektronische Post - correo electrónico

E-Mail - correo electrónico
Empfang - acogida; recepción
Empfänger/in - destinatario/-a
Empfangsbestätigung - acuse de recibo
am **Ende** - al final
endgültig klären - ultimar
endlich - por fin
entlassen - despedir
Entlassung - despido
Entschädigung - indemnización
sich **entschließen** - animarse
(sich) **entschuldigen** - disculpar(se)
Entschuldigung - disculpa
entsprechen - corresponder
Ereignis - acontecimiento; suceso
Erfolg - éxito
Erfordernis - requisito
ergriffen - conmovido/-a
erhöhen - incrementar
jdn an etw **erinnern** - recordar
sich **erinnern** - recordar
sich **erinnern an** - acordarse de
Erinnerung - recuerdo
erlangen - lograr
Erlaubnis - licencia, permiso
Ernennung - nombramiento
erneuern - renovar, reanudar
erneut - otra vez, de nuevo
erreichen *(telefonisch)* - localizar
erschüttert - conmovido/-a
erstaunen - asombrar, extrañar
in **Erwartung** *(einer Sache)* - en espera de
expedieren - despachar

F

Fachingenieur - ingeniero técnico
Fähigkeiten - dotes
im **Fall von** - en caso de que
Familienname - apellido
fehlen - faltar, hacer falta
Fehler - defecto
feiern - celebrar
Festgehalt - (salario) fijo
festlegen - fijar
Filiale - sucursal
finden - encontrar
Firma - empresa
Firmensitz - sede (social)
Firmenzeichen - logotipo
Formalitäten - trámites
Format - formato
Fortbildungslehrgang - curso de perfeccionamiento/de formación/de especialización
Fracht - flete, porte
frei an Bord (FOB) - franco a bordo
frei an Bord Flughafen - FOB Aeropuerto
frei Frachtführer (FRC) - franco transportista
sich **freimachen von** - deshacerse de
frei Waggon (FOR) - franco vagón
Freude - agrado
sich **freuen über** - alegrarse de
Frist - plazo
eine **Frist einhalten** - cumplir un plazo
führend - líder
Führungskraft - ejecutivo/-a
mittlere **Führungskraft** - mando intermedio

G

garantieren - garantizar
Gastfreundschaft - hospitalidad
Gebiet - campo
Gebühr - impuesto
gefallen - gustar
gegen - en contra de
im **Gegenteil** - al contrario
gegenüber - frente a
Gehalt - (salario) fijo; sueldo
Geldautomat - cajero automático
Gelegenheit - ocasión, oportunidad
geliefert verzollt (DDP) - entregado libre de derechos
gemäß - conforme a; según
nicht **gemäß** - ajeno a
gerichtlich -judicial
gern - gustosamente

Geschäft - negocio; tienda
Geschäftssaison - temporada de ventas
Geschäftszeiten - horario de servicio
Gesuch - escrito
Girokonto - cuenta corriente
gleichzeitig - junto con
Glückwunsch - enhorabuena
Glückwünsche - felicidades
Grafikformat - formato gráfico
mit freundlichen **Grüßen** - (le saluda) atentamente,
grüßen - saludar
gültig - válido/-a
günstig - ventajoso/-a
Gutachten - informe
gutschreiben - abonar, acreditar
Gymnasium - instituto (de enseñanza media)

H

Halbtagsarbeit - trabajo de media jornada
sich **halten an** - atenerse a
sich **handeln um** - tratar(se) de
Handy - móvil
häufig - con frecuencia
Heizung - calefacción
herrichten - acondicionar
herzlich - cordial
im **Hinblick auf** - con miras/vistas a
hindern - impedir
hinweisen auf - apuntar
hinzufügen - añadir
Hochschulabschluss - título académico

I

Immobilien- - inmobiliario/-a
importieren - importar
inbegriffen - incluido/-a
Industrie - industria
Information - información
Ingenieur - ingeniero
inklusive - inclusive
Interesse - interés
Internet - Internet
im **Internet surfen** - navegar por Internet
Internetadresse - dirección de Internet
Internetanbieter/in - servidor/a de Internet
Internetbenutzer/in - usuario/-a de Internet
Irrtum - confusión

J

Journalismus - periodismo
Journalist/in - periodista

K

Karte - tarjeta
Kasse - tesorería
Kasse gegen Dokumente - pago contra documentos
kassieren - cobrar
keinesfalls - de ningún modo
keineswegs - en absoluto
Kenntnis - conocimiento
Kiste - caja (de embalaje)
klarstellen - precisar; puntualizar
Kleinhändler/in - detallista
Kollektion - línea
Kommando - mando
Kommission - comisión
Kompetenz - competencia; dominio
Kondolenz - pésame
konform - conforme
Konkurrenz - competencia
Konnossement - conocimiento
Konto - cuenta
Kontoführungsgebühr - comisión de mantenimiento
Kontokorrentkonto - cuenta corriente
Kosten - coste, costo
Kosten und Fracht (C&F) - coste y flete
Kosten, Versicherung und Fracht (CIP) - coste, seguro y flete
Kostenvoranschlag - presupuesto
Kredit - crédito
auf **Kredit** - a plazos

Kreditgeber - prestamista
Kredithöhe - importe de crédito
Kreditnehmer - prestatario/-a
Kummer - disgusto; pesar
sich **kümmern** - prestar asistencia
sich **kümmern um** - encargarse de
sich um jdn **kümmern** - atender a alguien
Kundendienst - posventa
Kurs - curso

L

Laden - tienda
Lager - almacén; existencias
zu **Lasten von** - a cargo de
Lastenheft - pliego de condiciones
Laufzeit *(eines Kredits)* - plazo
laut - según
Lebenslauf - currículo, curriculum (vitae), historial
Lehranstalt - instituto (de enseñanza)
Lehrgang - cursillo
leitend - directivo/-a
leitende/r Angestellte/r - directivo/-a, ejecutivo/-a
Leiter/in - directivo/-a
Lieferfrist - plazo de entrega
Lieferung - entrega, suministro
Linie - línea
Lohn - sueldo
lokalisieren - ubicar
lösen *(Problem)* - solucionar

M

Mailbox - buzón de correo electrónico
Mangel - defecto
mangels - en su defecto, por falta de
Mannschaft - equipo
Marketing - marketing, mercadotecnia
Medien - medios de comunicación
Meinung - juicio, parecer
Menge - multitud
Miete - alquiler
mieten - alquilar
Mieter/in - inquilino/-a
seinen **Militärdienst leisten** - cumplir el servicio militar
mit freundlichen Grüßen - (le saluda) atentamente,
Mitarbeiterstab - plantilla
mitteilen - comunicar, participar, informar
Mitteilung - noticia, comunicación
mittels - mediante
mittlere Führungskraft - mando intermedio
dieses **Monats** - del corriente

N

nach *(zeitl.)* - tras
Nachricht - noticia, *(E-Mail)* mensaje
eine **Nachricht beantworten** - contestar un mensaje
eine **Nachricht senden** - enviar un mensaje
Nachsaison - temporada baja
nächste/r, s - próximo/-a
Nachweis - comprobación
im **Namen von** - en nombre de
Namenskonnossement - conocimiento nominativo
nebensächlich - secundario/-a
Neuigkeit - novedad
eine **Neuigkeit erfahren** - enterarse de una noticia
Nichteinverständnis - disconformidad
Nichtzahlung - impago
noch einmal - otra vez
nötig sein - hacer falta
nur - sólo
nutzen - aprovechar

O

offensichtlich - obvio/-a
oft - a menudo
in **Ordnung bringen** - arreglar

P

Papiere - documentación
Personalabteilung - Recursos Humanos
Personalausweis - carné (de identidad)
pflegen - prestar asistencia
pflegen *(etw zu tun)* - soler *(+ Infin.)*
Porto - porte
Post - correo
Postamt - Correos
Posten - cargo
einen **Posten bekleiden** - desempeñar un cargo
Posten *(eines Kostenvoranschlags)* - partida
Postfach - apartado de Correos
postlagernd - lista de correos
Postüberweisung - giro postal
postwendend - a vuelta de correo
Praktikant/in - practicante
Praktikum - prácticas
Preis - precio
ein **Preisangebot machen** - cotizar
Preisnachlass - descuento
ein **Problem darstellen** - plantear un problema
profitieren von - beneficiarse de
Provision - comisión
Prozentsatz - tanto por ciento
prüfen - comprobar
Prüfung - comprobación

Q

qualifiziert - calificado/-a

R

Rat - consejo
auf **Raten** - a plazos
Ratenzahlung - pago fraccionado
rechnen mit - contar con
Rechnung - factura
eine **Rechnung begleichen** - liquidar una cuenta
Rechnungsdatum - fecha factura
Rechtsanwalt/-anwältin - abogado/-a
Referenz - referencia
Reisescheck - cheque de viaje
Reklame - anuncio
reparieren - arreglar
reservieren - reservar
Rückerstattung - reembolso, devolución
Rückgabe - devolución
Rückzahlung - amortización
in den **Ruhestand treten** - jubilar(se)

S

Saldo - saldo
(Gebühren-)**Satz** - arancel
Schaden - trastorno
Schadensersatz - daños y perjuicios
Schatzamt - tesorería
Schatzanweisung - bono de Tesoro
Scheck - talón (bancario), cheque
schicken - enviar, mandar, remitir
schließlich - al final
Schnelligkeit - rapidez
Schreiben - escrito
Schuld - deuda
Schuldschein - pagaré
Schule - escuela, instituto (de enseñanza)
Schuljahr - curso
Schulung - curso (de perfeccionamiento)
Schwierigkeiten bereiten - plantear un problema
sekundär - secundario/-a
selbstverständlich - obvio/-a; por supuesto
als **selbstverständlich/sicher annehmen** - dar por descontado/-a
senden - enviar, mandar, remitir
Sendung - envío
Sicherheit - garantía
bei **Sicht** - a la vista
Skala - escala
Skonto - descuento
so bald/schnell wie möglich - cuanto antes, lo antes posible

sofort - a la vista
sondern - sino
Sparkonto - cuenta de ahorro
(Arbeits-)**Stelle** - puesto
Stellvertreter/in - adjunto/-a
Steuer - impuesto
Stewardess - azafata
stornieren - anular
einen Auftrag **stornieren** - cancelar un pedido
Störung - trastorno
Streik - huelga
Summe - importe

T

(Zoll-)**Tarif** - arancel
tauglich - válido/-a
Teilnahme - participación
teilnehmen - asistir, participar
Teilnehmer/in - concursante
Telefonanruf - llamada telefónica
Termin -cita
Tilgung - amortización
Titel - titulación
Tod - fallecimiento
tragen - cargar
Transfer - transferencia
Trassant - librador
Trassat - librado
Treffen - entrevista
ein **Treffen vereinbaren** - concertar una cita
(sich) **treffen** - encontrar(se)
trotzdem - sin embargo

U

übereinstimmend - conforme
in **Übereinstimmung mit** - acorde con
in **Übereinstimmung sein** - ser de conformidad
übermitteln - cursar
übernehmen - encargarse de
überraschen - sorprender
übersenden - remitir
übersteigen, übertreffen - sobrepasar
überweisen - girar
Überweisung - transferencia
überwinden - superar
überziehen - dejar al descubierto
um zu - a fin de
umfassend - amplio/-a
Umsatz - facturación; ventas, volumen de negocio, volumen de ventas
Uneinigkeit - disconformidad
unentbehrlich - imprescindible
unfähig - inepto/-a
unfrei - porte debido
ungeeignet - inadecuado/-a; inepto/-a
Unglück - desgracia
unglücklicherweise - desgraciadamente
Universitätsabschluss - licenciatura
unpassend - inadecuado/-a
unschlüssig - vacilante
unterbringen - instalar; ubicar
unterdessen - entretanto
Unterlagen - documentación
Unternehmen - empresa
unternehmerisch - empresarial
Unterredung - entrevista
Unzuverlässigkeit - informalidad
Urteil - juicio

V

sich (in + *Ort*) **verabreden** - quedar (en + *lugar*)
Verabredung - cita
sich **verabschieden von** - despedirse de
verbinden mit *(am Telefon)* - comunicar con
Verbindung - comunicación
sich in **Verbindung setzen mit** - ponerse en contacto con
ein Treffen **vereinbaren** - concertar una cita
verfügen über - contar con, disponer de
zur **Verfügung stellen** - poner a disposición de

Vergabebedingungen - pliego de condiciones
mit **Vergnügen** - gustosamente
Vergnügungen - agrado
vergüten - abonar
verhindern - impedir
verklagen - denunciar
verlangen - requerir, exigir, pedir
Verlust - pérdida
vermehren - incrementar
vermieten - alquilar
Vermietung - alquiler
Verpackung - embalaje
Verpflichtung - compromiso
sich **versammeln** - juntar(se)
verschicken - despachar
verschieben - aplazar
versichern - asegurar
Versicherung - seguro
Verspätung - retraso
versuchen - intentar, procurar
vertagen - aplazar
verursachen - ocasionar
sich **verwählen** - equivocarse
Verwaltungs- - administrativo/-a
Verwaltungsschritte - trámites
verwirklichen - llevar a efecto
verwundern - extrañar
Verzögerung - demora, retraso
Visitenkarte - tarjeta
Vollzeit - dedicación plena/exclusiva
im **Voraus** - de antemano
vorgesehene Frist - plazo previsto
vorgestern Abend/Nacht - anteanoche
vorhanden - disponible
falls nicht **vorhanden** - en su defecto
Vorname - nombre
Vorrat - existencias
Vorsaison - temporada baja
Vorsicht - cuidado
vorsichtig sein - tener cuidado
vorstrecken - adelantar, anticipar
vorteilhaft - ventajoso/-a
vorverlegen - adelantar
vorwegnehmen - anticipar

W

Ware - artículo, mercancía
Webseite - página web
Website - sitio web
Wechsel - letra (de cambio)
einen **Wechsel ziehen** - girar una letra
Weg - vía
weit - amplio/-a
sich **wenden an** - recurrir a
ab **Werk** - salida de fábrica, en fábrica
Wert - valía
bis auf **Widerruf** - hasta nuevo aviso
sich *(einer Sache)* **widmen** - dedicarse a
wiederholen - reiterar, repetir
jdn **willkommen heißen** - dar la bienvenida a alguien
wirken - obrar; surtir efecto
wohnhaft - domiciliado/-a

Z

Zahl - cifra
zahlbar - pagadero/-a
zu **zahlen** - pagadero/-a
Zahlungsmittel - medios de pago
ein paar **Zeilen schicken** - mandar cuatro letras/unas letras
Zentrale - central
einen Wechsel **ziehen** - girar una letra
Ziffer -cifra
Zins(satz) - (tipo de) interés
Zoll - aduana
Zufall - casualidad
zufrieden - complacido/-a, satisfecho/-a
zurückgeben - devolver
zurückrufen - devolver la llamada
zurückweisen - rechazar
zusammen mit - junto con
sich **zusammentun** - juntar(se)
zusätzlich - adicional
zweifeln an - dudar de
Zweigstelle - sucursal

STICHWORTVERZEICHNIS

A

Abkürzungen 8, 9, 11, 13, 169
ablehnen 73
  Angebot 166
  Bewerbung 132
Absicht formulieren 19, 53, 163, 167
Abteilung 10
agradecer 27, 31, 69
al + Infinitiv 105
Amtsbezeichnung 8, 9, 36
Anfrage 164
  beantworten 36, 103, 166
  Informationen anfordern 35
Angebot
  ablehnen 166
  unterbreiten 47, 166
  Bedingungen 49
ankündigen 163
  Ereignis 48
  Lieferung 92, 104
Anlagen 14, 55, 167
Anrede 9
Anrufbeantworter 143
Anschrift 8
Ansicht äußern 167
Antwort
  negativ 73
  positiv 72
  um Antwort bitten 26, 69, 164
Auftrag *siehe Bestellung*
aunque 117
Auskünfte einholen 33, 35, 36, 164

B

Bankgeschäfte 109
beantworten 72, 73
  Anfrage 36, 103, 166
  Beschwerde 79
  Bestellung 90
  Einladung 28, 29
bedauern 44
Bedingungen stellen 68, 97, 114
Bedürfnisse äußern 68, 165
begründen 73, 74, 112, 163
Begrüßung 144
Beileidsbezeugung 60, 62, 168
Bericht erstatten 57
Berufsangabe 36
Beschwerde
  beantworten 79
  vorbringen 76, 78, 165
bestätigen 166
  Bestellung 90
  Erhalt eines Schreibens 72, 163
  Termin 92
  Reservierung 71
  um Bestätigung bitten 164
Bestellung
  aufgeben 81, 82
  beantworten 90
Betreff 14
Bewerbung
  ablehnen 132
  annehmen 131
  Anschreiben 119, 122, 129
  Initiativbewerbung 122
  Lebenslauf 121
  Stellenangebot 125
Bezug nehmen 83, 91, 163
Bezugszeichen 13
Bitten
  beantworten 166
  formulieren 164
Blindbewerbung 122
Brief
  Briefkopf 8
  Briefstil 15
  Briefumschlag 8
  Musterbrief 7
buchstabieren 144

D

Dank 38, 168
  formell 38, 40
  informell 39, 41
  sich im Voraus bedanken 41, 55

Darlehen *siehe Kredit*
Datum 9, 20, 25
Dauer ausdrücken 164
dudar 50, 74
duzen 15

E

Einladung
  absagen 30, 31
  annehmen 30
  aussprechen 22, 24, 25, 166
  beantworten 28, 29
Einverständnis
  erbitten 19
  erklären 73
elektronische Korrespondenz 133
E-Mail 133, 136
Entschuldigung 43, 166
Ersatz anbieten 92
estar 132
estar – ser 20, 36, 93

F

Forderungen stellen 68, 69, 97
Freude ausdrücken 63

G

Garantien bieten 50
Gelegenheit nutzen 19
gerichtliche Schritte 114
Gewissheit ausdrücken 73, 167
Gleichgültigkeit ausdrücken 164
Glückwünsche 61, 63, 168
gracias 31, 74

H

Hotelreservierung 66
Hypothesen aufstellen 167

I

Imperfekt 59
Incoterms 87
Indefinido 59
Informationen
  einholen 35
  geben 163
Interesse bekunden 34, 130, 164
Internet 133, 136

K

Konditional 27
Kondolenzschreiben 60, 62, 168
Kontakt aufnehmen 163
Konto 109
  Kundenkonto 104
Kosten 87
  Kostenvoranschlag 52
Kredit
  beantragen 107
  zusagen 108
  Kreditbedingungen 103

L

lamentar – sentir 31, 45
Lateinamerika 8, 9, 10, 12, 15, 144
Lebenslauf 121
Lieferung
  ankündigen 92, 104
  Lieferbedingungen 85
  Lieferfrist 54, 92
  Lieferverzögerung 92, 96

M

Mahnung 111
Mängel 78, 92, 96
mayor 36
Meinung
  äußern 117
  erfragen 26
mieten 66
Möglichkeit ansprechen 35, 68, 167

N

Name
  Geburtsname 13

O

Ortsangaben 20, 25, 79

P
Perfekt 36, 59
por 45, 64, 88
Postleitzahl 8
Postskriptum 14
Preise 54, 87
  Preisnachlass 104

Q
Qualität hervorheben 49
quedar 21, 42, 74
querer 55

R
Rabatt 104
Ratschläge
  geben 116, 167
  um Rat bitten 117, 164
Rechnung 102
rechtfertigen 45, 73, 163
reklamieren 95, 97, 165
Reservierung
  bestätigen 71
  vornehmen 66
rogar 31, 69

S
Schadensersatz 97
Schlussformulierungen 11, 12, 27, 55, 131
seguir 114
ser – estar 20, 36, 93
soler 88
Stellenangebot 125
Subjuntivo 27, 31, 42, 55, 69, 88, 117

T
telefonieren 138, 192
  Anrufbeantworter 143
  falsch verbunden 141 ,146
  Gesprächsende 143
  Gesprächseröffnung 139, 144
  Probleme 141, 142, 145, 146
  Telefonnummern 144
  weitervermitteln 140, 145
tener – haber 45
Termin
  vereinbaren 16, 18, 20
  verschieben 20
  vorschlagen 20
Textgestaltung 15
Titel
  akademischer Titel 10
  Ehrentitel 11
Treffen vereinbaren (privat) 18, 20

U
Uhrzeit 20, 25
Unterlagen anfordern 35
Unterschrift 12
Unzufriedenheit äußern 78
usted/ustedes 137

V
Vereinbarungen 98
Vergangenheitsformen 58
Verpflichtung äußern 165
Versand
  anzeigen 87, 91
  Versandarten 54
  Versandbedingungen 87
Vertrauen bekunden 113
Verwunderung äußern 77
volver a 20, 79
Vorlieben äußern 164
Vorschläge 26, 74, 165

W
Wechsel 102, 105
Wünsche formulieren 20, 35, 69

Z
Zahlung 100
  Zahlungsbedingungen 100, 103
  Zahlungserinnerung 111
  Zahlungserleichterungen 104
  Zahlungsfrist 104
Zeitangaben 21, 58, 59, 68, 79
Zwängen unterliegen 77
Zweifel äußern 73

KLEINER SPICKZETTEL FÜR TELEFONGESPRÄCHE

Sie möchten jemanden anrufen

Sich melden: Name und Firma nennen	➔ Buenos días, soy Juan Vega, le llamo desde Valencia, de la empresa...
Sich entschuldigen	➔ Disculpe la molestia. ➔ Perdón, creo que me he equivocado.
Den gewünschten Gesprächspartner verlangen	➔ Quisiera hablar con el Sr./la Sra. ... ➔ Podría hablar con el/la encargado/-a de Mercadotecnia / de Recursos Humanos / de Contabilidad / de Servicio al Cliente.
Den Grund des Anrufs nennen	➔ Le llamo por...
Zuständigkeiten erfragen	➔ ¿Podría decirme con quién debo hablar sobre... ?
Um Hilfe bitten	➔ ¿Podría ayudarme, por favor?
Um einen Termin bitten	➔ Quisiera hacer una cita con el Sr./la Sra. ... Es muy urgente.
Erreichbarkeit erfragen	➔ ¿Sabe cuándo puedo hablar con él/ella?
Eine Nachricht hinterlassen	➔ ¿Puede decirle al Sr./a la Sra. ... que me devuelva la llamada?
Später nochmals anrufen	➔ Yo volveré a llamar más tarde.
Verständnis sichern	➔ Disculpe, no le he entendido. Puede repetirlo, por favor.
Zum Ende kommen	➔ Eso es todo. ➔ Muchas gracias (por su ayuda).
Sich verabschieden	➔ Adiós.